gedeón

PRISCILLA SHIRER

LifeWay Press® • Nashville, Tennessee

Publicado por LifeWay Press®
© 2013 Priscilla Shirer
Reimpresión, mayo de 2017

ISBN 978-1-4158-7816-3
Ítem 005558740

Clasificación Decimal Dewey 222.32
Subdivisión: Gedeón / Biblia: A.T. Jueces 6-8 / Vida Cristiana

A menos que se indique lo contrario, todas las citas se han tomado de la Santa Biblia, Versión Reina-Valera de 1960, Propiedad de las Sociedades Bíblicas en América Latina, publicada por Broadman & Holman Publishers, Nashville TN, Usada con permiso.

Las citas identificadas como NVI son tomadas de La Santa Biblia, Nueva Versión Internacional® NVI® Copyright © 1999 by Bíblica, Inc.® Usada con permiso.

Para ordenar copias adicionales escriba a LifeWay Customer Service, One LifeWay Plaza, Nashville, TN 37234-0113; FAX 615-251-5933, puede llamar por teléfono gratis al 1-800-257-7744 o por medio de correo electrónico a orderentry@lifeway. com también puede ordenarlo online en www.lifeway.com o puede visitar su librería LifeWay más cercana o su librería cristiana favorita.

Impreso en Los Estados Unidos de América

Global Publishing
LifeWay Resources
One LifeWay Plaza
Nashville, TN 37234-0196

ÍNDICE

ACERCA DE LA AUTORA

PRISCILLA SHIRER ante nada es esposa y madre, pero póngale una Biblia en la mano y un mensaje en su corazón y verá por qué en sus conferencias miles de personas encuentran a Dios de una manera poderosa y personal.

Con una maestría en estudios bíblicos del Seminario Teológico de Texas, Priscilla hace que las profundidades de las Escrituras cobren vida. Sus nueve estudios bíblicos abarcan temas como el Éxodo, escuchar la voz de Dios y personajes bíblicos como Jonás y Gedeón. También ha escrito siete libros, entre ellos La resolución para mujeres, un gran éxito de ventas según el New York Times.

Ella y Jerry, su esposo, dirigen Going Beyond Ministries, mediante el cual ofrecen capacitación espiritual, apoyo y recursos para el cuerpo de Cristo. Para ellos es un gran privilegio servir a cada denominación y cultura en el amplio espectro de la iglesia.

Es probable que entre sus estudios y dedicación a escribir libros, usted la encuentre en casa limpiando y recogiendo (y tratando de satisfacer el apetito) de sus tres hijos que crecen muy rápido.

www.GoingBeyond.com

UNA NOTA DE PRISCILLA

Hola mi amigo, lo he estado esperando. Sí, de verdad. He anhelado con mucha expectativa y oración el paso de estas semanas de estudio con usted. Durante dos años la mesa de mi comedor ha estado llena de Biblias, comentarios, notas de estudio, viejos artículos... todos para ayudarnos a descubrir lo que Dios pudiera enseñarnos mediante uno de los personajes más enigmáticos de las Escrituras. Mi familia me ha escuchado hablar tanto sobre este tema que ya están empezando a tener en su rostro una expresión de "No otra vez", en cuanto les menciono a Gedeón, tal vez ahora sepan más de él que yo. Así que sentirán un gran alivio cuando sepan que su nombre e historia ahora están en sus manos y fuera de la mesa de comer.

¿Alguien quiere cenar?

Ya que hablamos de comida, espero que usted haya llegado hambriento, incluso muriéndose de hambre. Pido en oración que cada vez que usted vea las sesiones o se siente a tener su tiempo personal con este cuaderno, busque con voracidad un toque fresco de Dios. Nunca debemos acercarnos a la Palabra de Dios con despreocupación o indiferencia ni aunque solo estemos analizando a un personaje que aparece en tres cortos capítulos de la Biblia.

Así que si ahora usted se siente un poco vacía, no se desanime. El hambre solo arrasa cuando no tenemos nada con qué satisfacerla. Pero en estas páginas encontrará una mesa puesta de manera divina para usted. Estamos a punto de disfrutar de un suntuoso banquete que el Amante de nuestras almas ha preparado con maestría. Tome una silla. Estoy convencida de que será un buffet abundante. Su Palabra siempre lo es, y si usted es como yo, rechazar una buena comida nunca es una opción.

Me pregunto cómo reaccionó ante el subtítulo de la portada. Esa primera parte, *Su debilidad*, puede sacar a relucir algunas inseguridades muy profundas. Todos nos hemos sentido débiles, limitados y abrumados en un momento u otro.

Menos mal que usted no podrá andar mucho durante la primera mitad de ese subtítulo sin llegar victoriosamente a la segunda parte: *la fortaleza de Dios*. Yo lo diseñé así. Quería que hubiera un cambio rápido de usted a Él. De la debilidad a la fortaleza. De la imposibilidad a la posibilidad divina.

De eso se trata. Así se satisfacen nuestras necesidades. Así es como se logran nuestras victorias. Sus debilidades no tienen chance ante la fuerza abrumadora y todopoderosa de Dios. De hecho, muy pronto verá en nuestro estudio que Él solo está esperando mostrarle cómo su debilidad en realidad es un don: una llave maestra que abre y desata el poder de Dios en su vida.

Gedeón nos lo contará todo. Así que no tenga pena. Escarbe con ambas manos y de todo corazón hasta que su plato esté lleno al punto de desbordarse.

¿Listo? ¡Yo también estoy lista!

Priscilla

SEMANA 1

EL PUEBLO DE DIOS EN EL PARAÍSO

Bienvenido amigo. Me alegra mucho que esté sumergiéndose conmigo en Gedeón. Las aguas son profundas, pero las sorpresas que encontraremos al sumergirnos más allá de la superficie de esta historia tan querida valdrán la pena.

Gedeón me sorprendió y creo que su experiencia será similar a medida que pasemos estas páginas. Su encuentro con Dios, su respuesta a Dios y su misión de parte de Dios asestó un fuerte golpe a mi ser espiritual. Descubrí que aquí sucede mucho más que solo el drama de Gedeón, el perdedor con los 300 soldados y el vellón que extendió bajo un cielo nocturno con la esperanza de asimilar la voluntad de Dios.

La historia de Gedeón es mucho más grande que... bueno, que Gedeón. Como todo lo demás en la Biblia, su historia en realidad tiene que ver con Dios y su pueblo. Nos habla de Su amor por ellos, Su misericordia imperecedera e ilimitada y Su fortaleza que opera a pesar de, e incluso, a través de las debilidades de ellos. Y ya que el pueblo de Dios nos incluye a usted y a mí, la historia de Gedeón también tiene que ver con nosotros: nuestras vidas, nuestras dudas, nuestras luchas y nuestras posibilidades como creyentes.

Trate de recordar las respuestas a las siguientes preguntas de nuestro estudio:

¿Cuántos capítulos de la Biblia cuentan la historia de Gedeón?

¿En qué libro de la Biblia se encuentran estos capítulos?

GEDEÓN

Ya que la historia de Gedeón es solo una pequeña porción de una serie de 66 libros, ¿qué nos dice esto sobre su historia?

Esta historia es más grande que Gedeón.

Es crucial comprender el contexto de la historia de Gedeón y cómo encajamos en el mismo. Desenterrar los detalles sobre la rica herencia de Israel nos ayudará a comprender todo el peso de su historia. Antes que podamos comprender las lecciones de Gedeón, tenemos que identificarnos y aprender de su pueblo, Israel, el pueblo de Dios.

Así que viaje conmigo al antiguo territorio israelita para dar un vistazo a cómo Dios, de una manera soberana, posicionó a Gedeón, y lo que eso significa para nosotros a medida que Él revela nuestra parte en su historia.

PROBLEMAS EN EL PARAÍSO

Cuando la cortina se abre con Gedeón y sus hombres, en Jueces 6, el período brutal de 400 años de la esclavitud de Israel en Egipto está muy lejos en el pasado, como también sus años de vagar por el desierto. Las conquistas militares de Josué en un siglo anterior los tienen bien asentados en el corazón de Canaán, una tierra "que fluye leche y miel" (como una frase simbólica que muestra la provisión y el favor continuos de Dios). Están justo donde Jehová quiso que estuvieran: dispuestos y ubicados para su bendición.

Esto... era el paraíso.

Pero la experiencia de Israel en los días de Gedeón revela una realidad abrumadora: nosotros podemos echar a perder el paraíso y arruinar la bendición abundante de Dios. Y la manera más rápida y segura de hacerlo es olvidarnos de Aquel que nos dio la bendición y la victoria. .

Gedeón y su pueblo estaban padeciendo una falta de memoria. Estaban tan cautivados por la tierra prometida que desecharon al Dador de la Promesa, una mentalidad que se destaca con claridad en su olvido de los mandatos de Dios.

Basado en Deuteronomio 7.1-2, describa las órdenes que Dios les dio para establecerse en la tierra.

Lea los siguientes versículos de Jueces 1. Haga una línea para conectar cada versículo con la tribu que se menciona:

Aser	versículo 21
Efraín	versículo 27
Benjamín	versículo 29
Nefatlí	versículo 30
Zabulón	versículo 31
Manasés	versículo 33

Busque el mapa de la página 176 y observe el territorio de Canaán que el pueblo de Dios no reclamó en Canaán.

Tal vez sea difícil entender la orden de Jehová de aniquilar a todo un pueblo. Sin embargo, durante siglos Él demoró la justicia por su rebelión antes de que, por su soberanía, considerara que la copa de su iniquidad ya estaba llena (Génesis 15.16) y como consecuencia desatara el juicio divino de la exterminación. La conservación de su pueblo y su plan redentor fueron una señal de su deseo de mostrar misericordia.

Una razón por la que los israelitas desobedecieron el mandato de Dios fue su temor a los "carros herrados" que empleaban algunos de sus enemigos (Jueces 1.19). La destreza militar de los israelitas era primitiva en comparación a la de los cananeos, quienes tenían la maestría y el secreto del arte de producir hierro.

Al no tener un arsenal sofisticado que se igualara al de las naciones enemigas, a Israel solo le iba bien cuando peleaban con la infantería, sobre todo en las montañas donde el terreno impedía que los carros de los enemigos funcionaran con eficacia. Sin embargo, Dios los había llamado a reclamar cada porción de la tierra, incluso las llanuras, y no solo el territorio montañoso donde la victoria sería mucho más fácil.

Israel estaba tomando decisiones, basándose en sus suministros limitados y no en los recursos ilimitados de su Dios. Dios había ordenado la destrucción de sus enemigos, pero también había tomado en cuenta sus carros de hierro y había planeado preparar a su pueblo para la victoria, fuera como fuera. Ningún arma podía prevalecer contra el poder de Jehová. ¡Si solo Israel hubiera creído y vivido de esa manera!

Ojalá que usted y yo hiciéramos lo mismo.

GEDEÓN

¿Cuáles, si fuera el caso, son los "carros de hierro" que le intimidan y le impiden avanzar en completa obediencia a la Palabra de Dios?

Lea el Salmo 20.7 que aparece al margen y reescríbalo con sus propias palabras y a la luz de sus circunstancias.

ESTABLECERSE DEMASIADO PRONTO

Los israelitas pensaron que tener acceso a una parte de la tierra prometida era mejor que tener que pelear por toda la tierra. Así que, cómodos y complacientes, escogieron disfrutar una relativa tranquilidad en lugar de arriesgarse alterando su equilibrio al obedecer a Dios por completo. Tenían pleno derecho sobre toda la tierra, de hecho, ya eran sus dueños, pero no podían disfrutarla porque escogieron no poseerla.

Escogieron la comodidad, en lugar del compromiso para con Aquel que los había rescatado y sostenido, y que además les había prometido seguir haciéndolo si ellos confiaban en Él de manera activa para una victoria total. Considere el Principio de la liberación que aparece al margen. Esta norma no es específica solo para el antiguo Israel, hoy se cumple para nosotros en nuestra relación con Dios.

El principio de la liberación: el que libera al pueblo de la injusticia se reserva el derecho de gobernar sobre los liberados. Los liberados se convierten en "vasallos" y el libertador es el "estado protector". Vea Profundice Más I en la página 13.

Describa cómo debe ser el Principio de la liberación en su vida. Utilice la sección Profundice Más I de la página 13 y Deuteronomio 10.12-13 como ayuda.

La obediencia parcial siempre es una tentación. Nuestra poca visión a menudo hace que la obediencia parcial parezca ser la mejor opción, la más segura y más razonable, pero siempre nos lleva a dificultades en el futuro y con el tiempo hace que nuestras vidas sean más difíciles de lo que necesitan ser.

La falta de confianza en Jehová que mostró Israel y la desobediencia a sus mandamientos tuvieron consecuencias nefastas que se relatan en el libro de la Biblia y que estudiaremos durante estas siete semanas.

Utilice este cuaderno como un diario honesto entre usted y Dios. ¿Está usted obedeciendo a Dios de manera parcial en alguna esfera de su vida? Si es así, anote los detalles.

¿Qué comodidades o supuesto sentido de seguridad necesitaría usted abandonar para obedecer por completo las instrucciones de Dios?

EN EL PARAÍSO A MEDIAS

La continua decadencia espiritual fue uno de los efectos más prominentes de la negativa de Israel a obedecer por completo. Debido a la influencia idólatra de sus vecinos, a Israel le resultó cada vez más difícil comprometerse a adorar a Dios. En el aspecto espiritual ellos adoptaron los patrones de sus vecinos, sobre todo la adoración a Baal. En el aspecto militar constantemente tenían la amenaza de los enemigos que los rodeaban. Entre la decadencia moral y el peligro militar, el pueblo de Dios se estaba debilitando espiritual y físicamente.

Del párrafo anterior, mencione dos de los efectos de la desobediencia de Israel.

1.

2.

¿Puede señalar dos esferas donde la desobediencia pudiera estar teniendo un efecto negativo y debilitante en su vida? Si es así, nómbrelas y descríbalas.

1.

2.

Si Israel hubiera destruido a los habitantes de Canaán como se le instruyó, la influencia impía y la infiltración de la idolatría se habrían evaporado. De no haber dejado enemigos en su territorio, los israelitas podrían haberse asentado para disfrutar la tierra que Dios les prometió en lugar de tener que enfrentar las luchas prolongadas y la opresión de sus vecinos.

¿Está usted enfrentando hoy alguna batalla debido a algo que no destruyó antes?

Cuando el Espíritu de Dios nos pide que eliminemos algo de nuestras vidas, no debemos jugar con sus instrucciones. Él ve los efectos futuros de los enemigos remanentes. Tómelo en serio. Involúcrese por completo en la tarea que tiene por delante.

Al comenzar nuestra trayectoria por la vida de Gedeón, nos encontramos con una nación marcada por la debilidad y la decadencia, que vive en un tiempo que se describe de una manera sencilla pero poderosa: "cada uno hacía lo que bien le parecía" (Jueces 21.25).

Tal vez este estudio le encuentre a usted en el mismo punto: débil en el aspecto emocional, exhausto físicamente y desinflado en el aspecto espiritual. Quizá usted esté demasiado familiarizado con los resultados de una vida que se vive según normas no alineadas con las de Dios. No se desanime. Le aguardan buenas noticias.

Quiero que al final de cada estudio anote cualquier declaración que le ayude a recordar fácilmente lo que Dios le está enseñando. Recuerde, no tiene que ser brillante, solo deje que el Espíritu de Dios le guíe en cuanto a cómo las lecciones se aplican a usted.

EL PRINCIPIO DE LA LIBERACIÓN

En el antiguo Cercano Oriente, las personas sellaban las relaciones entre personas o naciones con un pacto. Cuando las naciones más grandes y poderosas hacían un pacto con naciones más pequeñas y débiles, las entidades operaban como padre e hijo o como amo y siervo. Cada uno tenía un rol diferente que cumplir.

El reino más poderoso (que se llamaba el estado protector) adoptaba al más pequeño (el vasallo). A cambio de la alianza del vasallo, el estado protector ofrecía protección militar y provisión financiera en tiempos de necesidad. El estado protector tenía autoridad sobre el vasallo. Podía permitir que el vasallo mantuviera su gobierno y tradiciones, pero mantenía la propiedad legal sobre la tierra y la cosecha agrícola del vasallo.

Se esperaba que el vasallo operara con sumisión a su estado protector. Además de dar un porcentaje de su producción anual, se esperaba que el vasallo fuera completamente leal. Un vasallo solo podía tener un estado protector. Hacer un pacto con otro estado protector se consideraba una alta traición e implicaba consecuencias horrendas. La lealtad del vasallo se le prometía al estado protector y no podía compartirse con otro.

La Biblia traduce este tipo de lealtad usando la palabra hebrea "*hesed*". Esto significa amor, fidelidad o fidelidad de pacto. La fidelidad de un vasallo se describía como amor expresado a su estado protector. Una rebelión era odiar al estado protector.

Cuando Jehová hizo de Israel una nación mediante Abraham, usó un medio que la gente de aquella época entendería. Hizo un pacto. Jehová se convirtió en su estado protector y les ofreció su protección incondicional y su continua provisión a cambio de la hesed de su vasallo. Israel no podía tener otros estados protectores.

Dios exigía que amaran al Señor su Dios "de todo tu corazón, y de toda tu alma, y con todas tus fuerzas" (Dt. 6.5) no como una emoción pasiva sino como una condición activa de su pacto. Tenían que someter su lealtad al pacto que habían establecido con Jehová.

En la historia de Gedeón, Jehová le recuerda el pacto a su vasallo, Él los había liberado en Egipto (Jueces 6.9-10), les proveyó protección y provisión como su nación vasalla. Israel no cumplió con su parte del trato. Se volvieron a los ídolos e hicieron un pacto con dioses extranjeros y así dividieron su alianza, aunque esta debió estar concentrada solamente en Dios. Ellos cometieron una traición divina contra su fiel estado protector.

La traición implicaba consecuencias terribles para el vasallo, incluyendo la destrucción de su familia, su tierra e incluso su propia vida. Jehová rompe con esta norma y extiende misericordia a Israel a pesar de su fallo al no permanecer fieles a Él. Esta misericordia es un marcado contraste con sus experiencias culturales. Les presentaba una lección intrigante con relación a su Dios.

¿TÚ DE NUEVO?

Las moscas hacían un enjambre alrededor de una fuente con frutas cuando regresamos de un viaje de una semana. Antes de irnos yo trabajé mucho para limpiar el refrigerador y sacar todos los alimentos que pudieran echarse a perder mientras estuviéramos fuera, pero me olvidé por completo de la fuente de frutas que estaba en el centro de la mesa de la cocina. Ahora pagaríamos el precio. Las tan molestas moscas andaban por todas partes y hasta siguieron rondando luego de poner las frutas en una bolsa de basura y sacarlas hasta la acera para la recogida de basura. Deshacernos de ellas luego de que disfrutaran de vacaciones ininterrumpidas en nuestra casa fue una tarea ardua.

Los israelitas habían comprometido su capacidad para disfrutar las promesas de Dios y seguían fuertes bajo su protección y provisión. Los efectos negativos de su obediencia a medias eran un enjambre a su alrededor como las moscas de las frutas de mi cocina. Este patrón de desobediencia no era nuevo para su generación. Era, sencillamente, una continuación del ciclo que comenzaron sus ancestros, quienes también habían pasado por alto cumplir los mandamientos de Dios. Los molestos vecinos paganos de la época de Gedeón no eran nada nuevo. Llevaban allí mucho tiempo. Y deshacerse de ellos no sería fácil.

> **¿Existe un problema con el que está luchando que sea una prolongación de una dificultad que otra persona (tal vez en su familia) no conquistó en el pasado?**

Madián es el enemigo acérrimo que Israel enfrentará en este fragmento de las Escrituras. Los madianitas eran una fiera tribu nómada que habitaban en cualquier lugar donde pudieran saquear, robar y subyugar a los habitantes.

Aunque una gran parte de este pueblo iba de un lugar a otro, algunos habitaban en ciudades de la vecindad de Moab. Eran un pueblo acaudalado cuyas caravanas se consideraban como las "naves del desierto",[1] viajaban de un lado a otro del árido panorama con especias valiosas y otras cargas. Fue una de esas caravanas la que varios siglos antes compró, de manos de sus hermanos maquinadores, al joven José (Génesis 37.28).

Los madianitas eran parientes lejanos de los hebreos. El pueblo de Israel descendía de Isaac, la simiente prometida, mientras que Madián descendía del medio hermano de Isaac, Madián, hijo de Cetura, la concubina de Abraham (Génesis 25.1).

> Examine el árbol genealógico de Abraham que aparece a continuación. Observe sus descendientes a través de Cetura. Encierre en un círculo a Abraham, Cetura y Madián.

Árbol genealógico de Abraham

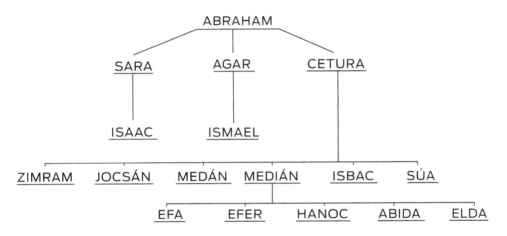

DURMIENDO CON EL ENEMIGO

Un vistazo más de cerca a los madianitas revela un tiempo de amistad distante entre los dos pueblos. Moisés, por ejemplo, huyó a Madián para escapar de la ira del faraón (Éxodo 2.15) y lo recibió un sacerdote ceneo (una tribu de Madián). Se casó con Séfora, una de las hijas del sacerdote, y luego pastoreó durante cuarenta años los rebaños de su suegro en el desierto de Horeb. Dios le habló a Moisés en una zarza ardiente mientras cuidaba de esos rebaños.

Después, Moisés invitó a Jetro, sacerdote-príncipe madianita, para que se uniera en el viaje de Israel hacia la tierra prometida. Mucha de la gente de Jetro los acompañó. Los actos del Señor durante este peregrinar por el desierto comenzaron a convencer a estos pueblos paganos para que creyeran en Jehová (Éxodo 18.10-12). Pero la influencia pronto quedó atrofiada y los madianitas se convirtieron en el principal pervertidor de Israel.

GEDEÓN

Observe al margen los encuentros entre Israel y Madián que datan del tiempo de Abraham. Ponga un asterisco junto a cualquier escenario desconocido y tome un tiempo para estudiarlos cuando pueda.

¿Por qué la lección de historia? Esto pudiera ayudarnos a interpretar la reacción de los hebreos a las instrucciones de Dios (cuando la muerte de Moisés se acercaba) con respecto a Madián y la persistencia de los problemas de Israel con Madián hasta los tiempos de Gedeón.

¿Qué le dijo Dios a Moisés en Número 31.1-5?

¿Qué hizo Israel en reacción a este mandamiento (Números 31.7-15)? Marque todos los que correspondan.
☐ mataron a todo varón
☐ dejaron vivos a las mujeres y los niños
☐ mataron a los reyes
☐ saquearon la ciudad y se llevaron el botín

De la(s) opción(es) que usted marcó, ¿cuáles incumplían con el mandato de Dios (versículo 15)?

¿Qué papel puede haber desempeñado la relación inicial de Israel con Madián en la desobediencia parcial de Israel a las instrucciones de Dios?

El mandato divino de aniquilar a los madianitas se cumplió de una manera incompleta. El patrón de desobediencia a medias al lidiar con los enemigos, parece estar incrustado en la psiquis hebrea. Moisés trató de rectificar los actos de la gente al ordenar que se matara a todo el mundo excepto a las jóvenes vírgenes. Pero el pequeño remanente, junto con la población nómada madianita, al parecer fue suficiente para reinventar esta tribu de gente violenta que más adelante buscó vengarse de Israel. Cuando llegó ese momento, los madianitas eran tan numerosos "como langostas en multitud" (Jueces 7.12) y aterrorizaron al pueblo de Dios.

Según podemos ver en las Escrituras, Moisés siguió las órdenes de Dios, pero los hebreos, incluso en aquellos primeros tiempos, se caracterizaban por la falta de disposición a obedecer por completo a Dios. Su tendencia a dejar a medias las cosas de Dios produjo una oleada de consecuencias para el pueblo de Dios. Esto es algo en lo cual pensar: la obediencia parcial de ayer produce consecuencias alarmantes en las experiencias de hoy.

> Considere esta pregunta a la luz de lo que está aprendiendo hoy: ¿Existe algo que Dios le está llevando a "aniquilar" de su vida que en un momento pudo haber sido saludable y ahora no lo es?

> ¿Está dudando cumplir las instrucciones de Dios? Describa cualquier relación pasada con la relación/actividad que hace que hoy le sea difícil terminar con eso por completo.

> **Para comentar en grupo:** Observe la cantidad de mujeres madianitas que quedaron con vida en los tiempos de Moisés (Números 31.35) y la cantidad de tropas de Israel que se reunieron para combatir contra los madianitas en tiempos de Gedeón (Jueces 7.3). ¿Observa alguna importancia en esta similitud?

Más de 150 años después de Moisés, Israel se enfrentó al mismo enemigo de antes quienes, según Jueces 6, les causaban estragos: destruían sus cosechas y su ganado. Como las moscas alrededor de las frutas podridas, los madianitas no serían fáciles de eliminar. El asunto era si el pueblo de Dios buscaría su dirección y pondría atención a sus instrucciones. Esta no fue la única vez en la historia en la que los israelitas desobedecieron las instrucciones de Dios para destruir a un enemigo y luego experimentar el resurgimiento de dicho enemigo.

> Lea 1 Samuel 15.1-9; 30.1-3. Luego escriba de tres a cinco oraciones sobre la experiencia de Israel con los amalecitas. Al escribirlas, responda estas preguntas.

> • ¿Qué ordenó Dios que hiciera su pueblo?
> • ¿Cómo respondieron ellos?

Las dificultades de hoy a menudo son un resultado de la desobediencia de ayer.

El Antiguo Testamento es una vasta colección de datos y fechas que fácilmente pueden convertirse en un paquete largo y confuso. Para comprender mejor la cronología de nuestro estudio, vea Profundice más II, en la página 19.

• ¿Qué efecto tuvieron más adelante los amalecitas sobre Israel?

_____

_____

_____

UN NUEVO COMIENZO

Mi amiga Erin proviene de una familia que ha tomado malas decisiones fiscales. Ella puede contar historias acerca de la mala administración financiera, los gastos excesivos e incluso el robo. Su generación todavía está lidiando con esos destrozos.

Tal vez su historia sea similar a la de Erin y usted esté luchando con algo que sus padres o abuelos se negaron a manejar adecuadamente en su tiempo. Su vida pudiera ser más difícil y menos manejable de lo que pudiera haber sido si ellos hubiesen estado más atentos, responsables y fieles a las normas de Dios. O quizá Dios le esté pidiendo a usted que rompa los vínculos con algo por el bien de aquellos que vendrán después en su familia.

De cualquier manera, Israel puede identificarse con usted: aunque su problema con Madián comenzó en las generaciones anteriores, ellos estaban a punto de recibir una cita divina para comenzar de nuevo y construir un nuevo legado. No tenían que revolcarse en los errores de sus antepasados ni continuar con su rebelión. Era un día completamente nuevo y la gracia de Dios tenía una misión completamente nueva. Aparte de su historia, los israelitas tenían un Dios que levantaría a una persona para cambiar el rumbo de su pueblo. En su tiempo fue Gedeón.

Me pregunto si hoy será usted.

Termine la lección de hoy en oración y escribiendo cualquier declaración que Dios traiga a su mente. Pídale que le revele cualquier resentimiento que usted pudiera tener por los fracasos de otros que han provocado dificultades innecesarias en su vida y que le dé el valor para perdonar. Pídale que le dé la sensibilidad espiritual para escuchar su llamado y obedecerle. Entonces, escoja tomar decisiones hoy pensando en el mañana.

CRONOLOGÍA DEL ANTIGUO TESTAMENTO

Amiga/o mía/o, valdrá la pena tomar un tiempo para familiarizarse con la progresión desde Abraham hasta el tiempo en que los jueces gobernaron. Le ayudará a entender no solo la historia de Gedeón sino toda la Biblia. Así que busque una taza de café y pase unos minutos examinando la línea que aparece debajo. Al hacerlo, piense en otros personajes bíblicos y hechos del Antiguo Testamento que le resulten familiares y cómo estos encajan en la cronología. No se apure. Tómese su tiempo y absorba los detalles.

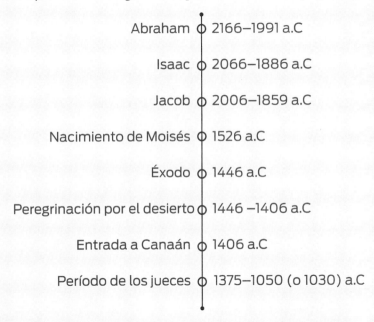

Abraham	2166–1991 a.C
Isaac	2066–1886 a.C
Jacob	2006–1859 a.C
Nacimiento de Moisés	1526 a.C
Éxodo	1446 a.C
Peregrinación por el desierto	1446 –1406 a.C
Entrada a Canaán	1406 a.C
Período de los jueces	1375–1050 (o 1030) a.C

Tome en cuenta que los eruditos tienen opiniones diferentes en cuanto a algunas de estas fechas. No se moleste si encuentra variaciones en otras fuentes. Esta lista le da una idea del tiempo en cuestión.

Observe ahora la siguiente cronología. Marque la fecha de la época de Abraham y la época de los jueces. Puede usar esta página como una referencia a través de su estudio.

Historia de la Redención

2500 a.C	2000 a.C	1500 a.C	1000 a.C

LA HISTORIA DE DIOS, MI HISTORIA

Me alegra mucho que haya seguido adelante con este estudio de la historia de Israel. La forma más precisa de interpretar las Escrituras es ver un pasaje y sus personajes a través de la red histórica y del pacto que abarca ese libro en particular. Tener un marco en el cual usted pueda alojar todos sus datos bíblicos le ayudará a entender mejor cómo encaja todo esto.

A la luz de ese marco, considere esto: el mensaje principal de toda la Biblia es la redención de la humanidad que Dios está obrando. De principio a fin, la Biblia detalla el plan de rescate divino que Dios está orquestando para llevar a la gente a volver a tener una relación con Él.

La historia de la redención de Dios contiene un patrón de cuatro partes: (1) rechazo al camino de Dios, (2) decadencia del pueblo de Dios, (3) consecuencias que la mano de Dios ha permitido y (4) una relación restaurada con la presencia de Dios. Véalo como un ciclo.

Para ver en las Escrituras uno de los ciclos de redención, lea Jueces 2.11 (rechazo), 2.14 (decadencia y consecuencias), y 2.16 (restauración).

Describa con sus palabras el ciclo de redención.

Este patrón se repite una y otra vez en diferentes períodos e involucra a personas diferentes. Los eruditos están de acuerdo en identificar tres ejemplos principales del patrón.

Si usted tuviera que señalar en qué parte de este ciclo se encuentra ahora, ¿dónde estaría y por qué? Escriba su nombre junto a esa porción del ciclo.

- El primer ciclo de redención fue durante el período antidiluviano, de la época de Adán hasta Noé.
- El segundo ciclo comenzó después del diluvio y terminó durante el tiempo de Daniel y Esdras.
- El tercero comenzó, después del exilio en Babilonia, con la reconstrucción del templo bajo Esdras y culminó con la creación de la iglesia en el Nuevo Testamento.

Uno, dos, tres. Tres ciclos diferentes pero cada uno con el mismo propósito divino: la redención del pueblo de Dios. Ya que somos parte de su iglesia, usted y yo somos una parte importante de este plan. Somos actores en la gran historia de la redención de Dios.

El mensaje general de la Biblia es *la Redención de la humanidad que Dios esta obrando*

Complete los tres ciclos de redención que aparecen en las Escrituras:

Ciclo de redención # 1: Desde Adán hasta *Noé*

Ciclo de redención # 2: Después del diluvio hasta el tiempo de *Daniel* y *Esdras*.

Ciclo de redención # 3: Reconstrucción del *Templo* bajo el liderazgo de *Esdras* hasta la concepción de la *iglesia en el Nuevo Testamento*

Yo, *Me Pe Pe* (su nombre), soy parte de la gran historia de redención que vemos en la Biblia.

LOS JUECES

Ahora pasemos a ubicar la posición de Gedeón en este gran panorama bíblico. El libro de los jueces está ubicado dentro del segundo ciclo en su lista, la época histórica entre el diluvio y el exilio de Israel en Babilonia.

GEDEÓN

Y Jehová levantó
jueces que los librasen
de mano de los que les
despojaban.
Jueces 2.16

Las historias de los Jueces se sitúan muy dentro de ese segundo siclo, específicamente en las etapas de "decadencia" y "consecuencia". Dios nombró a los jueces con el objetivo de atraer el pueblo a "la restauración".

Regrese al diagrama del ciclo de la redención en la página 20. Escriba "jueces/Gedeón" junto a las porciones de "decadencia" y "consecuencia" en la historia de Israel. ¿Qué adjetivos usaría usted para describir el estado de los israelitas durante esta etapa (Jueces 6.1-6)?

Si usted tuviera que escoger una etapa del ciclo para definir a su comunidad actual, ¿cuál sería? Escríbalo en el lugar adecuado del ciclo en la página 20. ¿Qué adjetivos quisiera usar para describir su propia colectividad en este momento?

Esta fue una de las épocas más débiles, patéticas e indecorosas en la vida del pueblo de Dios. Durante este tiempo el juicio de Dios fue merecido. Un vistazo a la inconstancia del pueblo, sus olvidos e ingratitud, su desobediencia imprudente y su rechazo a Dios revelan que tenían bien merecida la opresión y el castigo que les venía encima.

Sin embargo debido al pacto de Dios, prevaleció la misericordia. Él juzgó a su pueblo solo para restaurarlos y reconciliarlos, para que el ciclo de redención pudiera continuar y su historia se pudiera contar. El hecho de que este siclo continúe hoy, a pesar de la obstinación continua de la humanidad caída, habla del deseo inmediato que tiene Dios de otorgar misericordia y redimir a la gente. Incluso ahora.

¿Cuáles son algunas de las señales que revelan la misericordia de Dios para nuestra sociedad?

Prevalece la misericordia de Dios

¿Qué revela Jueces 2.18 sobre el corazón de Dios para su pueblo, incluso cuando están sufriendo las consecuencias merecidas de su pecado?

Jehová era movido a misericordia por sus gemidos

MOMENTOS DECISIVOS

Ayer usted examinó la cronología de la historia de Israel. Muchos personajes bíblicos que admiramos representan el entrecruzamiento de Dios con la experiencia de los hebreos durante la época de "decadencia" o "consecuencia" en el ciclo de la redención. Los grandes héroes de la Biblia no aparecieron en los momentos cumbres de su sociedad, sino en los momentos más bajos como parte del esfuerzo de Dios para rescatar y redirigir a su pueblo de vuelta a la cobertura de su pacto. Considere lo siguiente:

- Después de la caída de Adán, Dios usó a Abraham para crear una nación que siempre fuera santa para Él.
- Cuando los israelitas eran esclavos en Egipto, Él levantó a Moisés para liberarlos y llevarlos a una tierra que fluía leche y miel con la protección y la provisión de Dios.
- Cuando sus enemigos los oprimieron en esta tierra prometida, Dios levantó a los jueces para que fueran sus representantes y sacaran al pueblo del yugo enemigo.

A través de cada etapa de la vida de Israel, Dios invadió la experiencia humana con su actividad restauradora y protectora. Si yo estuviera junto a usted, ¡chocaría los cinco para celebrar la misericordia y gracia interminables de Dios!

> **En la cronología, al final de la página 19, escriba el título "Historia de la redención".**

Usted y yo somos parte de la historia divina de la redención, al igual que cualquier otra persona en la cronología. Tal y como Dios fortaleció a cada uno de estos para que hicieran cosas únicas por Él en su generación, usted y yo, como parte de Su Iglesia, tenemos la comisión de levantarnos, y de acuerdo a nuestro estilo en particular, servir Su propósito en nuestra generación. Involucrarse en este estudio le mostrará que ahora mismo Él está estimulando algo en usted.

Una razón por la que creo que Dios me llevó a la historia de Gedeón y ahora nos ha traído juntos a este estudio es para recordarnos el significado de su llamamiento único. Como madres o padres de nuestros hijos, como empleados en nuestros centros de trabajos, como parte de su cuerpo en nuestra iglesia local, o como personas de influencia en nuestras colectividades, Dios nos ha colocado a cada uno en una posición deliberada para que seamos sus representantes y así atraer hacia Él a nuestra sociedad aquejada, una persona a la vez. Sí, nuestro llamamiento será diferente al de Moisés y Gedeón. Es probable que no conduzcamos peregrinos para salir de la esclavitud ni que llevemos un ejército a la batalla. Pero aparte de cómo sea el plan de Dios para nuestras vidas, su mano está sobre nosotros para luchar contra el enemigo en nuestras esferas de influencia.

La forma más importante en que Dios me ha recordado hacer esto es mediante la crianza de mis hijos. Estoy convencida de que me permite ser testigo de sus vidas lindas y cómicas para así darme material para mis enseñanzas. Pero, sin lugar a dudas, fuera de mi relación con el Señor y con mi esposo, mis hijos son mi mayor prioridad y Dios me ha comisionado para ser la madre de ellos. Ser padre o madre pudiera parecer algo común en las relaciones humanas, pero no me voy a permitir restarle importancia para considerarlo como ordinario. Mi rol como mamá es una estrategia deliberada que Dios comenzó para criar niños que se conviertan en hombres piadosos. Y estoy resuelta a cumplir con este llamamiento, ser para ellos lo que Dios necesita que yo sea durante esta etapa crucial de sus vidas.

Gedeón. Dios nos dará la capacidad para completar su obra, multiplicará nuestros sencillos esfuerzos para lograr máximos resultados. ¡Nuestro Dios, siempre redentor, nos hará fuertes dondequiera que nos sintamos muy débiles como para cumplir con nuestro llamamiento!

> ¿En qué aspecto de la vida cree que Dios quiere que usted se concentre mientras hace este estudio? No pase por alto lo ordinario ni minimice su papel en un marco mayor. Deje que Él dirija su pensamiento y confíe en que le capacitará para cualquier cosa que Él inspire.

La cultura de Israel durante el tiempo de los jueces no difiere mucho de la nuestra. El pecado pulula y la moralidad sigue decayendo. Él sigue buscando, no gente perfecta, sino personas que sientan pasión por Él y que estén comprometidas con el llamado para sus vidas.

Comprométase de nuevo con la tarea de Dios en esta etapa. Pídale al Señor que le abra los ojos para reconocer el propósito que tiene para usted en la historia de la redención. Además, tómese tiempo para presentar al Señor en su colectividad y país. Pídale que le dé convicción y que las personas se vuelvan a Él.

DÍA 4
FORTALECIDOS PARA ACTUAR

Esta mañana mi hijo estaba frustrado porque su equipo de videojuegos portátil se apagaba cada pocos segundos. Él apretaba el botón de encender y la pantalla se iluminaba de 10 a 15 segundos, entonces se volvía a poner negra. Me lo trajo, molesto e irritado porque su pequeño aparato estaba causándole problemas muy grandes. Yo le hice la misma pregunta que quiero hacerle a usted: ¿Lo cargaste?

Las Escrituras esbozan los errores de los jueces con mucho detalle. Sansón, por ejemplo, casi se conoce más por su apetito salaz y su temperamento violento que por sus valientes proezas. La Biblia no intenta esconder la fragilidad de estos líderes y nos permite reconocer con claridad el efecto fortalecedor que el Espíritu de Dios puede tener sobre cualquiera para lograr las tareas de Dios. Aparte de su Espíritu, estos jueces no hubieran podido funcionar con ningún tipo de eficiencia.

Nosotros tampoco podemos. Esta es una de las lecciones más importantes que debemos aprender de este período durante el que gobernaron los jueces a Israel.

> No tenemos nada, excepto lo que Dios pone en nosotros.

Llene los espacios en blanco:

Los jueces fueron _levantados_ por Dios y luego _____ por Dios para _____ al pueblo de Dios con el objetivo de _____ los enemigos de Dios.

Observe el siguiente cuadro de los jueces, la referencia a sus historias, el enemigo que enfrentaron, las características que los identifican y la duración de su servicio. Algunos eruditos mencionan 12 jueces mientras que otros llegan hasta 16. Ninguna de las dos maneras de contar los jueces es incorrecta, pero el número más alto viene luego de incluir a otros hombres prominentes en Israel como Samuel y Elí. Para los efectos de nuestro estudio, solo hemos destacado aquellos que llevan el título hebreo de "shaphat", que significa "juzgar".

GEDEÓN

Juez	Referencia	Enemigo	Atributos que le identifican	Duración del servicio
Otoniel	3.7-11	Mesopotamia	Aguerrido y dominante en la guerra	40 años
Aod	3.12-30	Moabitas	pacificador, intrépido, intransigente con el pecado	80 años
Samgar	3.31	Filisteos	ingenioso y creativo	No se especifican los años
Débora	4–5	Cananeos	paciente, valiente, atrevida	Más de 40 años
Gedeón	6–8	Madianitas	débil, inquisitivo, temeroso, nervioso	40 años
Tola	10.1-2	No se menciona	No hay descripción	23 años
Jair	10.3-5	No se menciona	ingenioso y vanidoso	22 años
Jefté	11–12.7	Amonitas	Un hijo ilegítimo, lo botaron de su casa	6 años
Ibzán	12.8-10	No se menciona	No hay descripción	7 años
Elón	12.11-12	No se menciona	No hay descripción	10 años
Abdon	12.13-15	No se menciona	Vanidoso	8 años
Samson	13–16	Filisteos	Débil moralmente, fuerte físicamente	20 años

Busque, al menos, dos de los siguientes versículos y
anote el tema común que comparten:

☐ Jueces 2.18   ☐ Jueces 11.29
☐ Jueces 3.10   ☐ Jueces 13.25
☐ Jueces 6.34

Los jueces de esta época no eran como los jueces de la actualidad que
sirven de árbitros en un tribunal. El propósito principal de un juez en el
Antiguo Testamento era aliviar la presión militar sobre las tribus de Israel y
liberarlos de la opresión de países extranjeros. Para esta tarea Dios escogió
gente llena de defectos, luego los capacitó para que cumplieran con estos
roles a pesar de sus fallos. Los escogió de círculos que hubieran parecido
inadecuados a muchos observadores. Así es Dios, "lo necio del mundo
escogió Dios, para avergonzar a los sabios; y lo débil del mundo escogió
Dios, para avergonzar a lo fuerte" (1 Corintios 1.27).

Gedeón, como el quinto juez, distaba mucho de ser perfecto. De
hecho, la historia de Gedeón ni siquiera termina triunfalmente. Pero Dios
usó a Gedeón para revitalizar a su pueblo durante un momento de gran
desesperación y desaliento.

Tal y como nos recuerda 1 Corintios 10.6, el registro del Antiguo
Testamento nos sirve como ejemplo. Los principios desenterrados del
antiguo registro son los que hoy nos dan consejos a nosotros. Tomemos
esto en cuenta para considerar las tres funciones de los jueces a la luz de la
vida suya en la actualidad. Analizaremos cada uno brevemente. Los jueces
sirvieron para (1) unificar al pueblo de Dios, (2) luchar contra la opresión del
enemigo y (3) operar bajo el fortalecimiento del Espíritu de Dios.

**¿Qué relaciones ve usted entre el papel de los jueces
en el Antiguo Testamento y el papel de los creyentes
modernos como miembros de la familia de Dios? Si
fuera necesario, use las referencias que aparecen al
margen.**

**Ayer usted señaló una tarea a la que Dios le está
llamando. ¿Cuál de los roles anteriores sería más
difícil para usted en esa tarea? ¿Por qué?**

¡Mirad cuán bueno
y cuán delicioso es
habitar los hermanos
juntos en armonía!
Salmo 133.1

Porque no tenemos
lucha contra sangre
y carne, sino contra
principados, contra
potestades, contra
los gobernadores de
las tinieblas de este
siglo, contra huestes
espirituales de maldad
en las regiones
celestes.
Efesios 6.12

Mas yo estoy lleno de
poder del Espíritu de
Jehová.
Miqueas 3.8

PRESERVAR LA UNIDAD

Israel se había debilitado tanto espiritual como militarmente. Una señal de esta debilidad era su aislamiento los unos de los otros. Aunque Jehová, años antes en el Sinaí, había llamado a los hebreos a ser una nación, ahora llevaban vidas separadas y desconectadas.

Luchar contra el enemigo de una manera eficiente requería un esfuerzo conjunto entre las tribus y se necesitaba un juez divinamente nombrado para mantenerlos juntos. En el caso de Gedeón, las tropas de Israel se reunirían en cuanto sonara la trompeta. Todas las tropas que se llamaran correrían para auxiliarlo en sus esfuerzos para enfrentarse a Madián.

> La unidad no quiere decir que todo sea igual, significa unidad de propósitos.

¿Cómo cree usted que le va a la iglesia en la actualidad al ser un cuerpo de creyentes? Piense en ejemplos específicos que apoyen la evidencia a favor o en contra de esta meta.

> Siempre humildes y amables, pacientes, tolerantes unos con otros en amor. Esfuércense por mantener la unidad del Espíritu mediante el vínculo de la paz. Efesios 4.2-3, NVI

Según el pasaje de Efesios que aparece al margen, ¿cuáles son los cuatro atributos necesarios para ayudar a mantener la armonía y el acuerdo entre los creyentes? Hemos añadido un atributo que yo creo está implícito en la segunda porción del pasaje.

1. *Humildey Amables*
2. *Tolerante unos con otros en Amor*
3. *Mantener la unidad del Espíritu mediante el vínculo de Paz*
4. Persistencia

Encierre en un círculo el atributo que considere más ausente en las situaciones de división que usted ha experimentado.

¿Cuál de estos se le hace más difícil mantener ahora mismo? ¿Por qué?

Al parecer, la hora de mayor segregación en los Estados Unidos es el domingo en la mañana cuando los cristianos se reúnen para ir la iglesia divididos por denominaciones, culturas, razas y estilos de adoración. Y aunque muchas veces no es intencional, esta separación impide que la fortaleza de la iglesia global florezca contra los ataques culturales del enemigo.

Esta epidemia de desunión infecta no solo nuestras iglesias sino lo que es todavía peor, nuestros propios hogares. Muchos esposos y esposas están divididos en sus propósitos y los hijos se distancian de los padres. Estas brechas dejan a las familias expuestas al fuego del enemigo.

Para comentar en grupo: Piense en maneras creativas para fomentar y mantener la unidad en su familia, iglesia y grupo de estudio bíblico.

HACER LA GUERRA

Nos guste o no, existe la guerra espiritual. Quizá nunca tomemos las armas con un escudo y una espada como Gedeón, pero no por eso dejamos de estar cada día en la batalla. Lo sabemos. Lo sentimos. La victoria requiere un constante esfuerzo para llevar "cautivo todo pensamiento a la obediencia a Cristo" (2 Corintios 10.5). Por el Espíritu de Dios podemos tener éxito, tal y como lo tuvieron los jueces. Solo mediante el fortalecimiento sobrenatural de Dios ellos pudieron liberar al pueblo de la opresión y llevarlos a la libertad y al gobierno de Jehová. El hecho de que los jueces fueran eficientes o no en su trabajo lo determinaba que el enemigo siguiera siendo eficiente o no en el suyo.

Así que haga un inventario:
¿Tiene el enemigo que pensarlo dos veces antes de tramar algo contra su familia debido a la presencia que usted representa? ¿Por qué o por qué no?

No porque sa de que tengo el Espíritu de Dios

¿Los intentos del enemigo se frustran con rapidez porque usted está atento y en oración?

Amen

¿Está alerta y consciente de la naturaleza espiritual tras los sucesos en su vida?

Si

Bien pensadas y en oración, sus respuestas a estas preguntas le permitirán estar mejor preparada/o para asumir su posición cada día contra las fuerzas insidiosas e invisibles que actúan contra la victoria en Cristo.

PERMANECER FORTALECIDOS

La realidad es que tener el poder del Espíritu de Dios es una necesidad para el triunfo. Los actos sobrenaturales requieren estar capacitados de manera sobrenatural. Si no estamos cargados, no podemos esperar funcionar correctamente del mismo modo que mi hijo no podía esperar que su juguete funcionara adecuadamente sin estar conectado. Ambos necesitan estar conectados y con combustible para cumplir sus objetivos.

¿Y cuando lo están?

¡Empezó el juego!

Unificar las tribus de Israel y llevarlas a la victoria contra naciones extranjeras sería una tarea enorme para cualquier ser humano. Sin embargo, ya que tanto los jueces como Gedeón contaban con el poder del Espíritu de Dios, pudieron hacerlo a pesar de sí mismos. Ahora bien, gracias a Jesús, usted y yo tenemos a nuestra disposición una unción todavía mayor del Espíritu Santo. Si usted es un creyente en Cristo, ya tiene acceso a la fortaleza que el Espíritu da simplemente porque Él vive en usted.

> En él también vosotros, habiendo oído la palabra de verdad, el evangelio de vuestra salvación, y habiendo creído en él, fuisteis sellados con el Espíritu Santo de la promesa. Efesios 1.13

Pablo orada que Dios, por su poder "cumpla todo propósito de bondad y toda obra de fe (2 Tesalonicenses 1.11). Si hoy usted está desanimado, incluso desilusionado por los fracasos, por la falta de deseos para enfrentar la batalla, pídale al Señor que renueve su pasión, refuerce su confianza en Él y le establezca en la obra a la cual le ha llamado.

DÍA 5
HACER CAMBIAR
LAS COSAS

Visitar a mis abuelos paternos es una aventura nostálgica por las vistas, olores y sonidos que me llevan de vuelta a mi infancia. Este esposo y esposa ya llevan 62 años de casados y se siguen amando de esa manera tan maravillosa que nos produce una sonrisa en el rostro. Todavía viven en la misma casa adosada donde criaron a mi padre y a sus hermanos. Y aunque su casa está en Baltimore, en un vecindario infestado por las drogas, de algún modo es un refugio seguro de paz y seguridad para todos los que llegan allí.

Durante mi visita anduve husmeando por el sótano de mis abuelos y encontré este tesoro. Me sacó las lágrimas vernos a mi querido abuelo y a mí hace casi cuarenta años. Él me ha querido bien durante mucho tiempo.

Ayer, cuando entré para hacerles la visita, sonreí al ver el viejo piano en el que yo solía tocar de niña sentada sobre las rodillas de mi abuelo, el sofá con la cubierta de plástico al que siempre se pegaban mis piernas sudadas durante el calor del verano; las fotos, los letreros y carteles que cubrían sus paredes con declaraciones de una profunda fe y amor por el Señor.

Uno de esos letreros son palabras que recuerdo haber escuchado a menudo en labios de mis abuelos durante nuestras visitas en el verano: "pero yo y mi casa serviremos a Jehová" (Josué 24.15).

Escriba algunos aspectos clave sobre cómo la generación de Josué respondió a su apelación (Josué 24.16-24).

GEDEÓN

En Deuteronomio
31.10-13 los sacerdotes
de Israel recibieron la
orden de leer el libro
de la ley al pueblo
durante la fiesta de
los tabernáculos,
cada siete años. Esta
disciplina se omitió
de manera notoria
durante la época en
que gobernaron los
jueces. Qué diferencia
hubiera representado
haber escuchado la
Palabra de Dios de
manera sistemática.

En la época de Josué y a través del tiempo de los jueces, las bendiciones
y la abundancia del favor divino siempre estuvieron disponibles para el
pueblo de Dios cuando ellos cumplieron con ese compromiso de "yo y mi
casa" para ser fieles a Dios. En nuestro estudio de esta semana hemos visto
cómo en el espacio de una generación fueron cayendo en la decadencia
moral y terminaron en un desastre nacional.

¿Cuáles fueron las dos razones principales por las
que Israel estaba fallando? (Jueces 2.10)

1. *Se levanto una generación que no conocía a Jehová*

2. *No conocían la obra que Jehová había hecho por Israel*

Si usted ha observado apatía espiritual en su propia
vida, ¿cuáles de las opciones anteriores cree que han
contribuido más a la misma?

La Apostacia a la obra de Dios

REPASO

Nuestro estudio bíblico durante esta semana ha sido intenso, pero rico,
¿verdad? Por supuesto, el terreno accidentado de la historia de Israel
requiere que cambiemos nuestros lindos convertibles por vehículos "todo
terreno" con tracción en las cuatro ruedas. Pero hemos llegado juntos hasta
el final de nuestra primera semana. Ahora regresemos a considerar lo que
hemos estudiado para tomar nuestras propias decisiones.

La gente de la generación de Gedeón se enfrentaba a dificultades como
consecuencia de padres y abuelos que no pasaron el bastón de la fe. O si lo
hicieron, esta generación más joven no lo recibió bien e hizo caso omiso a lo
que podría haber sido la clave de su futuro éxito espiritual.

Basados en el párrafo anterior, subraye las dos
posibles razones de la falta de conocimiento de Dios
que tenía la nación.

¿Cuál de estas cree usted que ha sido la más
importante en la decadencia moral de nuestros días?
¿Por qué? Prepárese para comentar su razonamiento
con el grupo.

La Apatia Espiritual

Sin dirección, la
nación fracasa; el
éxito depende de los
muchos consejeros.
Proverbios 11.14, NVI

Ver crecer en nosotros y en los demás la apatía espiritual significa que ha llegado el momento de averiguar por qué. Entonces, nuestra meta debe ser desarrollar las verdades de la Palabra de Dios, abrirnos a su actividad en nuestra vida cotidiana, aprender de los que lo están haciendo bien y tratar de inspirar a otros a través de nuestro ejemplo.

Tome unos minutos para responder las preguntas siguientes:

1. ¿A cuáles jóvenes pudiera usted enseñar de manera intencional?

2. ¿Cómo puede usted explicarles la verdad de Dios?

3. ¿Tiene usted un espíritu fácil de enseñar que está listo y dispuesto a recibir las lecciones que aprendió de cristianos con más experiencia?

4. ¿Cómo puede usted, de manera deliberada, disponerse a aprender?

En la mayoría de las etapas de nuestra vida estamos en dos funciones al mismo tiempo: tanto en la generación más joven como en la mayor porque siempre hay hermanos mayores y más jóvenes que nosotros. Haga un círculo alrededor de la categoría en que usted suele incluirse. Ahora considere cómo podemos ser estratégicos para ponerse en la otra categoría durante esta semana.

EL CAPITÁN DE MI ALMA

El humanismo es una religión centrada en el hombre que prevalece en nuestro mundo actual. Es una teología que da más importancia al pensamiento racional que a cumplir con un principio religioso. Los humanistas aceptan su razonamiento como la base para tomar decisiones. Tal vez quieran a Dios, pero solo según sus términos y solo si Él no entra en conflicto con su sentido personal de justicia y felicidad. Quieren los beneficios de una relación sin ninguna de las responsabilidades.

El baalismo era una forma antigua de humanismo que ofrecía un dios que satisfacía las necesidades de la humanidad. Para los antiguos, Baal y Asera, su consorte femenina, representaban la fertilidad y la prosperidad y no tenían un libro de la ley como Jehová. ¿Fertilidad y prosperidad sin reglas? A los israelitas les encantó la idea. Así que buscaban manipular esos ídolos para su beneficio personal. Sin embargo, Israel seguía sufriendo por la opresión continua y así quedó bien claro que Baal era ineficaz. Año tras año les robaban la cosecha y pronto el hambre se hizo sentir. Baal era tan impotente entonces como lo es el humanismo ahora.

Hay camino que al hombre le parece derecho; pero su fin es camino de muerte. Proverbios 14.12

33

Subraye las palabras o frases claves en los párrafos anteriores que muestran las similitudes entre el baalismo antiguo y el humanismo moderno. Escriba cualquier idea acerca de dichas semejanzas.

¿Cómo ve usted que este versículo se muestra en las tendencias humanistas modernas? "En estos días no había rey en Israel; cada uno hacía lo que bien le parecía" (Jueces 21.25).

Nos resulta fácil pasar por alto el significado personal del baalismo. Este tipo de estilo de vida puede parecernos extraño. Después de todo, nosotros no usamos palabras como "ídolo" o "Asera" en nuestra conversación cotidiana.

Tal vez usted esté pensando: "Priscilla, ¡no soy humanista!" Pero considere esto: ¿Puede mencionar alguna convicción que haya tenido y que ha abandonado o hecho concesiones al reemplazarla (aunque sea inconscientemente) por una norma que está más alineada con las filosofías que escucha en la televisión o que ve en el mundo? Cada vez que permitimos que las perspectivas seculares establezcan las pautas para nuestra vida de consagración cotidiana, estamos viviendo, por lo menos en ese aspecto, una versión humanista del cristianismo.

¿Cómo puede usted detectar el humanismo colándose en el cristianismo?

Solo un regreso a Dios podría cambiar el rumbo de la hambruna y la humillación de Israel. Y solo un nuevo compromiso con Él y sus normas puede revertir la epidemia degradante de hoy.

Dios nos está llamando, a usted y a mí, a hacer nuestra parte para cambiar el rumbo.

VALIENTES

El legado de fe de mis abuelos ha tenido un efecto sorprendente y abarcador en sus hijos, nietos y bisnietos. Ellos han elegido resistir, de manera intencional y estratégica, la marea de falsas doctrinas y el dar la honra al Dios de Abraham, Isaac y Jacob.

Pero su legado nunca podría haber existido si ellos no hubieran elegido iniciarlo. Sus padres no eran cristianos. Cuando mis abuelos conocieron al Señor, casi a los treinta años, hicieron un cambio radical para caminar una vida totalmente diferente. Ellos enseñaron la Palabra en su casa y la vivieron frente a mi padre y sus hermanos. Incluso, hoy día uno pasa pocos minutos en su compañía antes de que hablen de la Biblia e inicien conversaciones sobre los asuntos espirituales.

Como resultado de su cambio se alteró la trayectoria y el destino de nuestra familia. El derroche de una enseñanza tan deliberada ha sido mi bendición. Cuán agradecida estoy por los abuelos que fueron lo suficientemente valientes como para cambiar el rumbo.

No cuento esto para causarle tristeza en caso de que su realidad sea diferente, sino para animarle a cambiar el rumbo de su legado si fuera necesario. Alguien tiene que hacer el cambio. Muy bien pudiera ser usted... y bien podría ser ahora

> Generación a generación celebrará tus obras, y anunciará tus poderosos hechos.
> Salmos 145.4

El título de esta sección es "Valientes". ¿De qué maneras tendrá usted que ser valiente para seguir o comenzar un legado de fe?

> Y si mal os parece servir a Jehová, escogeos hoy a quién sirváis; si a los dioses a quienes sirvieron vuestros padres, cuando estuvieron al otro lado del río, o a los dioses de los amorreos en cuya tierra habitáis; pero yo y mi casa serviremos a Jehová.
> Josué 24.15

Termine esta semana considerando en oración lo que significaría vivir Josué 24.15. Pídale al Señor que le dé una valentía santa para convertir esta promesa en una realidad personal. Cuando esté listo, reescriba las palabras de este versículo de una manera personal y como un compromiso a partir de este día para con el Señor.

Yo y mi CASA SERVIREMOS A Jehová

SEMANA 2

COMISIONAN A GEDEÓN

Ayer entré a mi dormitorio para buscar un libro que tenía sobre la mesa de noche. Pasé apurada por el lado de una silla que estaba en la esquina y llegué hasta la mesa en busca del libro. Al dar la vuelta para salir, di un salto al ver una enorme figura borrosa que de repente se movió en la esquina.

Mi esposo, con sus 250 libras, había estado sentado en esa silla de la esquina todo el tiempo, mirándome mientras yo buscaba el libro. Él me había visto, pero yo no lo había visto a él. No fue hasta que empezó a levantarse que me di cuenta que estaba allí.

Hemos llegado a una de las partes más fascinantes de toda esta historia: el encuentro de Gedeón con el ángel del Señor.

> Y vino el ángel de Jehová, y se sentó debajo de la encina que está en Ofra, la cual era de Joás abiezerita; y su hijo Gedeón estaba sacudiendo el trigo en el lagar, para esconderlo de los madianitas. Y el ángel de Jehová se le apareció (Jueces 6.11-12).

Subraye los cinco verbos de acción que se relacionan con "el ángel del Señor" en el pasaje anterior.

GEDEÓN

El erudito John Marshal Lang describe al ángel del Señor (Malak Yahweh) como la "Gran presencia en la historia de Israel". Él era el Cristo eterno y persistente y su aparición era una de las teofanías sorprendentes (apariciones de Dios) en el Antiguo Testamento. Otras apariciones del Malak Yahweh en el Antiguo Testamento están en: Génesis 16.7-13, Éxodo 3.2, Números 22.22.

Lo ordinario a menudo es el disfraz de lo divino.

Me pregunto qué hizo que Gedeón notara <u>la presencia del ángel</u>. ¿Se levantó el ángel si estaba sentado? ¿Hizo algún movimiento rápido que hizo que Gedeón lo notara? ¿Tosió o estornudó, o tal vez se aclaró la garganta incluso de una manera un poco sarcástica?

La palabra hebrea que en el versículo 12 se traduce como "apareció" sugiere que el ángel se presentó a sí mismo, haciéndose visible a Gedeón. Las acciones del ángel hicieron posible que Gedeón lo viera. La Escritura no es clara acerca de lo que provocó que Gedeón se percatara de la presencia del ángel, pero la secuencia de los hechos es evidente. En el versículo 11, el ángel estaba sentado debajo de la encina, pero no fue hasta el versículo 12 que dice que se le "apareció" a Gedeón.

Si había estado allí, sentado durante solo unos pocos segundos no está claro. Pero lo que podemos deducir del texto es esto: el hecho de que el ángel encontrara a Gedeón es un suceso aparte de que Gedeón encontrara al ángel.

Esto significa que no es probable que el resplandor de un rayo haya acompañado la llegada del ángel. No era un ser inmortal que estuviera flotando y no hubo ninguna muchedumbre que irrumpiera cantando el "Coro del Aleluya" para proclamar su llegada. Es probable que este ángel tuviera el aspecto de un hombre que se acercó a Gedeón durante un día normal.

A menudo Dios se acerca a nosotros en nuestros días "aburridos", ocultado detrás de las circunstancias. De hecho, lo "cotidiano" es a menudo el disfraz de lo divino. Si estuviéramos a la espera de un suceso grandioso que acompañara los momentos cuando escuchamos a Dios, nos perderíamos muchos momentos en nuestra relación con Él. Lo cotidiano con frecuencia es el contexto en el que Dios se revela a la humanidad.

Tener su radar espiritual alerta en anticipación expectante de su presencia, incluso en medio del alegre caos y de los ritmos regulares de su vida diaria, es primordial para escuchar a Dios porque a veces el lugar y la manera en que lo encontramos es la menos espectacular que se pudiera esperar.

Oh, sí, en ocasiones su presencia ha hecho que se nos ericen los vellos detrás del cuello. Pero con más frecuencia de lo que se espera, lo rimbombante y llamativo no es su estilo. Recordar esto y reconocerlo, incluso cuando su gloria está involucrada en la normalidad, es un pre-requisito para ganar claridad en su llamado. Para estar consciente del propósito de Dios, primero tiene que estar consciente de su presencia.

¿Qué expectativas cree que tienen los creyentes acerca de la forma en que Dios se revela a sí mismo?

¿Cómo cree que se han formado esas expectativas?

¿Cómo cree que esas creencias podrían impedir que las personas reconocieran un encuentro con Dios en sus vidas?

VER A DIOS

En Efesios 1.18-19, Pablo resume una asombrosa verdad de gran riqueza espiritual en una oración: "Alumbrando los ojos de vuestro entendimiento, para que sepáis cuál es la esperanza a que él os ha llamado, y cuáles las riquezas de la gloria de su herencia en los santos, y cuál la supereminente grandeza de su poder para con nosotros los que creemos, según la operación del poder de su fuerza".

Para conocer el propósito de Dios, primero hay que estar consciente de su presencia.

Complete los espacios en blanco para trazar la progresión en el versículo.

Pablo ora para que _____ de vuestro entendimiento sean _____. El resultado será que ellos _____ cuál es la _____ de su _____, las _____ de la gloria de su herencia en los _____, y cuál la supereminente grandeza de su _____ para con nosotros los que creemos.

Ahora que ha completado los espacios en blanco que están arriba, regrese y lea la oración en voz alta. Asimílela despacio y fíjese en la progresión de una etapa a otra. ¿Cuál es la idea resumen que ha sacado del texto?

¿Ve algunas pistas de esas fases incluso en el caso de Gedeón? Primero tuvo conciencia de la presencia de Dios y luego descubrió un nuevo llamado y el poder para llevarlo a cabo. Este mismo patrón se aplica a nosotros. Como creyentes, nuestros ojos espirituales tienen que detectar

Para realizar su llamado, primero es necesario tener los ojos abiertos.

la presencia de Dios. Una vez que esto sucede, la oportunidad se revela delante de nosotros para que comprendamos nuestro llamado y la vasta herencia que se nos ha dado para cumplir las tareas que tenemos por delante.

A menudo deseamos conocer los propósitos de Dios (especialmente si pensamos que esto nos va a sacar de debajo de la sombra de la encina), renunciando al prefijo necesario para esa realidad: estar consciente y honrar la presencia de Dios en nosotros. Primero el ángel hizo que Gedeón adquiriera conciencia de su cercanía y luego declaró la Palabra de Dios para él.

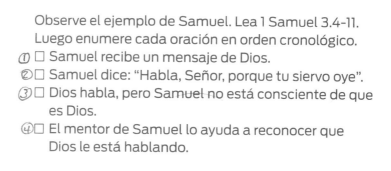

Observe el ejemplo de Samuel. Lea 1 Samuel 3.4-11.
Luego enumere cada oración en orden cronológico.

① ☐ Samuel recibe un mensaje de Dios.

② ☐ Samuel dice: "Habla, Señor, porque tu siervo oye".

③ ☐ Dios habla, pero Samuel no está consciente de que es Dios.

④ ☐ El mentor de Samuel lo ayuda a reconocer que Dios le está hablando.

Al parecer, la voz de Dios no estaba acompañada de pompa y fanfarria. De hecho, era tan insulsa que sonó como la voz de un anciano. Si Dios no hubiera persistido, puede que Samuel nunca se hubiera dado cuenta que esa voz ordinaria pertenecía a un Ser extraordinario.

Me pregunto cuántas veces Dios ha estado cerca, pero yo no me di cuenta porque imaginé que su cercanía siempre estaría acompañada de circunstancias asombrosas.

En la actualidad, la historia de Gedeón nos anima a buscar al Todopoderoso en medio de la normalidad. Pídale al Señor que se haga visible a usted tal como sucedió con Gedeón. Ore para que abra sus ojos espirituales durante las próximas veinticuatro horas, de modo que pueda verlo más claro que nunca antes.

DÍA 2
TRILLAR Y OTRAS COSAS ORDINARIAS

Hoy tengo aquí a los plomeros. Han decidido que la casa necesita una renovación total de plomería. Las tuberías están viejas, oxidadas y gotean por todas partes. Es necesario reemplazarlo todo. Absolutamente todo.

Nuestro plomero es un hombre amable que nos ha dado la noticia de la mejor manera posible. Es asombroso el gasto que implica reparar todo el sistema. Tal vez fueron nuestros ojos en blanco o nuestra falta de aliento lo que hizo que él nos hiciera la oferta, pero enseguida que nos dijo el precio de la reparación nos mencionó algunos extras gratis: un par de servicios sanitarios nuevos y un nuevo calentador de agua sin tanque. Su razonamiento: "Todo mi trabajo va a ser bajo tierra. Pero siempre es agradable también ver algo de lo que pasa arriba".

Tiene razón. Siempre ayuda ver algo que cambia. De hecho, si vemos lo que estaba haciendo Gedeón cuando el visitante angelical apareció, veremos evidencias externas de cosas que estaban pasando en su vida debajo de la superficie.

Así que, hoy tenemos una lección de trillar.

> **Escriba en el margen cualquier cosa que sepa acerca del propósito y proceso de trillar.**

TRILLAR

En ese momento del año en la vida de Gedeón se podía encontrar a los agricultores sabios trillando, es decir, separando el grano sustancioso y lleno de nutrientes de la paja liviana, etérea e inútil. La cosecha de trigo casi siempre se transportaba a un lugar al aire libre que se llamaba suelo de trilla, donde lo pisoteaban los bueyes amarrados a unas tablas pesadas. Este proceso hacía posible que se lograra un mejor resultado en menos tiempo que si se trillaba el trigo a mano. Gedeón no se daba el lujo de llevar su cosecha a un suelo de trilla ni el deseo de atraer la atención de los madianitas a trillar en público.

En vez de esto, Gedeón estaba trabajando en un lagar, un pequeño lugar cerrado, y lo más probable era que estuviera usando un pequeño instrumento llamado mayal (dos tablas pesadas unidas, tachonadas con

Gedeón estaba trillando trigo en un lagar, para protegerlo de los madianitas. Jueces 6.11, NVI

Para seguir estudiando: La paja se usaba con frecuencia como una imagen para explicar los principios espirituales. A continuación ofrecemos algunos ejemplos: Salmos 1.4 Salmos 83.13 Isaías 33.11 Lucas 3.17

fragmentos de piedras afiladas en un lado) para con lentitud ir separando el grano del tallo. Normalmente solo los pobres usaban este método. Imagínese a Gedeón encorvado sobre el montón de trigo, dedicado a la ardua tarea de un hombre de labranza. Su tarea era tan rutinaria y necesaria para él como lo puede ser para usted lavar platos.

Enumere cinco tareas ordinarias que realiza diariamente.

1.

2.

3.

4.

5.

Vuelva a pensar en los puntos principales de la lección de ayer. El ángel se le apareció a Gedeón de una manera ordinaria. No obstante, es de igual importancia que se le apareciera mientras Gedeón estaba haciendo una tarea ordinaria: trillando trigo.

Entonces, vuelva a leer el primer párrafo de esta lección acerca de trillar y subraye la palabra que describe el propósito clave de trillar.

SEPARACIÓN

Es interesante que el nombre Gedeón significa "artesano, talador, picapedrero, cortador".[1]

Al haber crecido en una sociedad agrícola, Gedeón se había acostumbrado tanto a la rutina de trillar que su familiaridad pudo haber impedido que viera la importancia de lo que Dios sutilmente le estaba mostrando. El acto físico de Gedeón de separar la paja del trigo tenía que ver con su tarea futura.

Vaya a Jueces 6.25-26 y escriba los detalles de la primera tarea que se le iba a pedir a Gedeón.

¿De qué le estaba pidiendo Dios a Gedeón que comenzara a separar a Israel?

Gedeón estaba recibiendo la preparación para separar una nación de otra, un reino de otro, el pueblo de Dios de los enemigos de Dios. Incluso, lo estaban llamando para trillar su persona, separarse a sí mismo de su alianza con Baal. La separación estaba a punto de convertirse en una parte importante de aquello a lo que Dios lo estaba llamando a hacer.

Me encanta cómo hacen esto en las Escrituras, colocan capa sobre capa de significados en estos sucesos bíblicos "rutinarios". Recuerde, esta es la historia de Dios y no solo de Gedeón. Hasta en los detalles rutinarios de esta experiencia de un agricultor tímido, Dios lo estaba preparando para su llamado y para el proceso de separación que estaba a punto de iniciar con su pueblo. Esto no solo se trataba de un hombre trillando trigo, se trataba de Dios pintando una imagen externa para que Gedeón (y nosotros) la viéramos.

Si miramos a nuestro alrededor, es posible que también lo veamos preparándonos a medida que trabaja en nuestras vidas. Las tareas de hoy, incluso las más rutinarias, a menudo son una preparación para el llamado de mañana. Estas pueden mostrarnos pistas de aquello que Dios quiere que aprendamos y llevemos a cabo a medida que lo servimos con fidelidad.

Si bien puede parecer gracioso el hecho de que podamos encontrar principios espirituales en el lavado de los platos o al responder el teléfono en el trabajo, Dios le está enseñando fidelidad, diligencia e integridad por medio de cada tarea.

Tome un minuto para orar. Pídale al Señor que le revele la lección espiritual específica que puede estarle enseñando a través de una de las tareas que enumeró al inicio de la lección de hoy. Escríbalas a medida que se las revela.

> Las tareas de hoy, son la preparación del mañana.

ABUNDANCIA DESAPERCIBIDA

La separación no era la única cosa que Dios le estaba comunicando a Gedeón a través de la tarea de trillar. Basados en lo que sabemos acerca del sufrimiento de los israelitas en aquella época, es difícil imaginárnoslos fructíferos, <u>prósperos y abundantes</u>. Pero la tarea ordinaria de trillar derrama una interesante luz sobre una perspectiva que a menudo pasa desapercibida.

> Las tareas de hoy son una preparación para el llamado de mañana. Gedeón llamó a su primer hijo Jeter, que significa "abundancia".[2]

> Observe los siguientes pasajes. ¿Qué relación hacen ambos entre la fidelidad de Dios y la tarea de trillar?
>
> Levítico 26.3-5
>
> Joel 2.24

43

Estos versículos describen todo un suelo para trillar, repleto con una cosecha que fue el resultado del favor de Dios. Trillar, en un mundo bíblico agrícola, era una señal de abundancia. En otras palabras, el simple hecho de que Gedeón tuviera trigo para trillar era un símbolo del favor de Dios expresado a su pueblo, a pesar de la tribulación y la opresión que estaban enfrentando.

La historia de Gedeón revela que hasta las tareas más mundanas que tengamos tienen un centelleo del favor de Dios. Porque si Él le quitara a usted todas sus bendiciones —su hogar, su familia, su trabajo, sus posesiones— desaparecería la necesidad de la existencia de muchas de sus tareas diarias. No menosprecie las mismas cosas que son una muestra de que cada día usted está sentado bajo la sombrilla del favor de Dios.

> Regrese a ver la Lista de tareas rutinarias que escribió hace un momento. Al lado de cada una escriba lo que indican acerca de la fidelidad y la bondad de Dios para usted.

Gedeón trilló porque Dios era bueno. Si Dios hubiera decidido retener su bondad, el enemigo no solo habría desplazado e intimidado a Israel, sino que además habría muerto de hambre por la falta de cosechas. ¿Se daba cuenta Gedeón de que trillar era una señal del favor de Dios para él y para su pueblo? Es probable que no. ¿El enemigo lo tenía tan preocupado o aburrido con su tarea que no comprendía que sus acciones mostraban que Jehová no los había abandonado? Es probable.

¿Y usted? ¿Y yo?

Apuesto a que nuestras cinco tareas ordinarias son similares, si no exactas en cada detalle, al menos, en su nivel de aparente importancia. La mayoría de nuestros días están llenos de tareas rutinarias que son necesarias para que la vida continúe con cierta clase de cordura. Pero si nos tomamos el tiempo para observar con atención, es posible que descubramos que Dios está usando estas actividades normales para prepararnos para tareas futuras, actividades que muestran cada una de las bendiciones de Dios sobre nuestras vidas.

Termine la lección de hoy pidiéndole al Señor que lo ayude a ser agradecido por las tareas ordinarias, a no despreciarlas y a ver cómo Él las puede estar usando para prepararlo para el futuro.

EL PRINCIPIO DE LA ABUNDANCIA Y LA OPRESIÓN

Cuando piense en la abundancia de trigo que tenía Gedeón, no obvie un principio importante. Los madianitas estaban oprimiendo al pueblo de Dios. Sus lúgubres aprietos eran una consecuencia directa de su rebelión. Manasés, la tribu de Gedeón, como muchas otras tribus en la nación, todavía no habían tomado posesión total de la tierra. Cayeron en la idolatría cuando se mezclaron con los cananeos. Obviamente Dios no estaba feliz, pero a pesar de eso suplió las necesidades de su pueblo. El hecho de que decidiera bendecirlos con trigo para trillar no implica que los hubiera bendecido verdaderamente como pueblo. Tenían trigo, pero no paz. Tenían trigo, pero no benevolencia.

Por tanto, tener una amplia provisión de trigo en medio de este ambiente rancio nos dice algo importante desde el punto de vista teológico: tanto la opresión como la abundancia pueden coexistir en las vidas del pueblo de Dios. La lealtad de Dios no significa su aprobación. En 1 Crónicas 21, por ejemplo, el pecado de David pudo haber tenido como resultado consecuencias terribles para Israel. Durante tres días una plaga espantosa barrió la tierra, matando a 70,000 personas. No obstante, en medio de esta tragedia, la Biblia dice que un hombre llamado Ornán estaba trillando trigo (v. 20). La disciplina divina y las consecuencias eran obvias a través de las montañas y de los valles de Israel, sin embargo, todavía las personas podían experimentar la gran misericordia del Señor (v. 13). ¿Cómo lo sabemos? Porque sus suelos para trillar estaban llenos.

La cosecha que Dios había permitido que los agricultores de Israel sostuvieran de manera rutinaria no era una señal de la aprobación de Dios, era una señal de su lealtad. Me pregunto si alguna vez Israel confundió ambas cosas. Me pregunto si nosotros las hemos confundido alguna vez.

Considere e interiorice el Principio de la Abundancia y la Opresión:

1. Todavía Dios sigue siendo fiel a nosotros, aunque nosotros no lo seamos.

2. La fidelidad de Dios no significa la aprobación de Dios.

Que nunca igualemos la fidelidad de Dios en tiempos de rebelión con su aprobación o tolerancia de nuestras elecciones. Cuando somos infieles a Dios, Él no excusará ni pasará por alto nuestro pecado. Pero debido a que somos suyos, nos mostrará su amor y cuidado al permanecer fiel a su pacto con nosotros y llenar nuestras vidas con ciertas bendiciones. Estos regalos no tienen la intención de arrullarnos en nuestra apatía espiritual ni de aligerarnos el peso de nuestras ofensas. Dios está intentando atraernos, con gracia, ternura y generosidad para volvernos a llevar a una comunión íntima con Él.

DÍA 3
PASAR POR ALTO LO OBVIO

El ángel de Jehová se le apareció, y le dijo: Jehová está contigo, varón esforzado y valiente.

Jueces 6.12

Lo ordinario.

Esta semana estamos aprendiendo que con frecuencia lo ordinario es el disfraz de lo divino. A menudo Dios se acerca a nosotros en formas que no esperamos, afianzándonos a medida que adquirimos consciencia de su constante y activa presencia. Pero, debido a que con frecuencia perdemos de vista su gloria, que está escondida detrás de un montón de actividades rutinarias, entonces nos perdemos los poderosos e impresionantes mensajes que viene a darnos.

Del versículo que está en el margen, observe la primera parte de la declaración que el ángel le hace a Gedeón.

¿Qué puede haber causado que Gedeón dudara de esta revelación?

¿Estaba el Señor con él? ¿De verdad? Si había algo de lo cual Gedeón estaba muy seguro, era que Dios lo había abandonado por completo a él y a su pueblo. ¿Qué otra explicación podían tener las circunstancias desastrosas que habían vivido durante tanto tiempo?

Según Jueces 6.13, ¿qué preguntas le hizo Gedeón al ángel?

Es comprensible el hecho que Gedeón tuviera estas preguntas francas y directas. Durante siete años seguidos Israel fue un blanco fácil para el viaje anual de cacería de los madianitas. Gedeón, como todos los demás en el escenario, tenía algunas preguntas acerca de cómo era posible que estas cosas ocurrieran si Dios estaba tan cerca como sugería el extraño.

Si usted está enfrentando una temporada de dificultades, escriba las preguntas que le ha estado haciendo a Dios al lado izquierdo de este cuadro. Más tarde, en este día, regresaremos a estos pensamientos.

Preguntas para Dios	Sus respuestas

No hay nada malo en hacer una pregunta... a menos que ya le hayan dado la respuesta.

LAS PREGUNTAS DE GEDEÓN, LAS RESPUESTAS DE DIOS

Jude, mi hijo de cuatro años, a menudo me hace la misma pregunta una y otra vez, en ocasiones en el lapso de solo unos pocos minutos.

"¿Mami? ¿ Mami? ¿ Mami? ¿ Mami?"

¿Puedo? ¿Puedo? ¿Puedo? ¿Puedo?"

Si bien las preguntas continuas pueden ser agobiantes, las únicas ocasiones en las que realmente me alteran es si ya las he contestado. ¿Acaso ya no sabe que mi respuesta no va a cambiar, que una vez que he tomado una decisión, no sirve de nada que pregunte otra vez?

Tal vez algún día se dé cuenta.

Tal vez algún día... yo también.

GEDEÓN

Lea Jueces 6.8-10 en su Biblia. ¿Cuál de las siguientes causas señala el versículo 10 como la fuente de los problemas de Israel?

☐ Israel sirvió a los ídolos y desobedeció a Dios.
☐ Dios abandonó a Israel.
☐ Israel estaba viviendo en la tierra equivocada.

Regrese a las preguntas de Gedeón que escribió en la página 50. Encierre en un círculo aquellas que responde el versículo de Jueces 6.10.

En medio de los tumultuosos aprietos que Israel había vivido durante mucho tiempo, Dios les envió un profeta sin nombre. Este mensajero anónimo de la percepción divina había dado respuesta a la pregunta de por qué estaban sucediendo aquellas cosas terribles. En lugar de buscar nuevas informaciones con el ángel en el versículo 13, Gedeón solo necesitaba recordar lo que había escuchado algún tiempo antes en el versículo 10.

Así como mi hijo de tres años.

Oh, sorpresa... así como yo.

Con mucha frecuencia paso tiempo haciéndole preguntas a Dios acerca de asuntos que ya Él ha explicado. En su Palabra, Dios ha enumerado sus decisiones. No debo esperar que Él cambie de opinión solo porque yo insista en preguntarle acerca del asunto. No importa cuán ferviente sea la oración o cuán piadosa sea mi postura de rodillas, no puedo hacer que Dios me dé una respuesta diferente.

No hay necesidad de preguntarle algunas cosas. Él ha escrito su respuesta en un vínculo eterno. Lo que debo hacer es dejar de preguntar... y comenzar a leer.

El mandato del Señor de ir en su fuerza era una referencia a la fuerza del Espíritu con la que Jehová intentó vestir y fortalecer a Gedeón.

¿POR QUÉ PIDE?

En vez de responder la letanía de preguntas de Gedeón, el ángel respondió: "Ve con esta tu fuerza, y salvarás a Israel de la mano de los madianitas. ¿No te envío yo?" (Jueces 6.14).

¿Qué? Te hice una pregunta, amigo. ¡Comencemos con la respuesta de esta! Pero Gedeón no dio respuesta alguna porque el ángel continuó refiriéndose a otras cosas. Cosas nuevas. Dios ya había dejado clara su posición con respecto a los primeros asuntos. La revelación de la cercanía de Dios y la Palabra que ya le había dado al pueblo era todo lo que Gedeón iba a necesitar para hacer aquello para lo cual lo estaban llamado.

Ahora bien, creo que Dios, en su gracia, nos permite acercarnos a Él con preguntas que se debaten en nuestras almas cuando la vida no tiene sentido. Pero, hermano, la Palabra de Dios ya ha hablado acerca de muchos de los temas sobre los que estamos constantemente haciéndole preguntas. Ya sea con respecto a nuestro destino espiritual o a nuestras experiencias diarias, en ocasiones solo necesitamos recordar lo que Dios ya ha dicho para obtener la respuesta que con tanto fervor estamos buscando en oración.

Escoja dos versículos para estudiar. Note que claramente expresan la voluntad de Dios para su pueblo.

Si Dios lo dijo entonces, todavía hoy es válido.

- Miqueas 6.8
- 1 Tesalonicenses 4.3
- 1 Tesalonicenses 5.18
- Efesios 6.6
- Mateo 22.37-38

ESA ES LA VERDAD

De alguna manera Gedeón experimentaba una desconexión entre lo que había escuchado antes y lo que estaba enfrentando en la actualidad. O realmente nunca le había dado a Dios el crédito por todos aquellos milagros de liberación y conquista (como le recordó el profeta a Israel en Jueces 6.8-10) o simplemente pensaba que Dios ya no estaba cerca y dispuesto a hacer las mismas cosas por él. Escuchó: "El Señor está contigo", pero no lo creyó.

Aunque no podemos saber con seguridad el motivo por el cual Gedeón no recordaba las promesas de Dios, ¿qué opción(es) indican mejor por qué a menudo nosotros no las recordamos?

☐ Nunca las escuchamos.

☐ Las escuchamos pero las olvidamos cuando aparecen las dificultades.

☐ No buscamos las respuestas que Dios ya ha escrito para nuestras preguntas.

☐ No creemos lo que leímos.

☐ No creemos que se aplique a nosotros.

☐ Pensamos que en nuestro caso Dios puede cambiar de idea porque nuestras circunstancias son únicas.

Escoja una causa de la lista que describa una forma de pensar o una actitud que haya tenido recientemente. ¿Qué lo lleva a justificar esa actitud?

Para comentar en grupo: En la página 34considoramos nuestra tendencia de sobreponer nuestra propia lógica a la verdad de Dios. ¿Qué ejemplos de esto puede encontrar en el estudio de hoy acerca de la historia de Gedeón? ¿En qué sentido tenemos la tendencia de reaccionar como Gedeón lo hizo en esta historia?

Aparte de las razones de Gedeón, usted y yo necesitamos aprender una lección de este hecho: La Palabra de Dios es segura, invariable y verdadera. Eso significa que no varía ni cae presa de nuestras realidades, no importa cuán difícil o incluso esperanzadora pueda ser su declaración. Por el contrario, su Palabra está por encima de nuestras circunstancias como una realidad declarativa a la que toda nuestra vida, y todo lo que pasa por dentro de esta, tiene que responder y conformarse.

La verdad: Jehová estaba con Gedeón. La verdad: Él había sido y todavía era su libertador. La verdad: Israel solo necesitaba volverse de su maldad para comenzar a ver este hecho con claridad. Dios lo dijo. Ahora Gedeón necesitaba creerlo... y vivir de acuerdo con eso.

Si no puede encontrar respuestas bíblicas a sus preguntas o incertidumbres, llévelas a un líder espiritual que la pueda ayudar a encontrar las respuestas en la Palabra de Dios y orar con usted sobre ellas.

Considere en oración las respuestas que Dios ya le ha dado a cualquiera de las preguntas que escribió anteriormente (página 47). Escriba sus respuestas al lado derecho del cuadro.

Dios está con usted, hermano. Sí, estoy hablando con usted. Dios está con usted, así como estuvo con Gedeón.

No importa lo que le esté pidiendo, ya sea criar solo a sus hijos, someterse fielmente a la autoridad, comenzar ese ministerio con valor, caminar con determinación con pureza moral, rendirse a las demandas de esta temporada, de cualquier cosa que se trate, sígalo sin vacilar. Porque si Él está con usted, entonces nunca nada ni nadie estará en su contra.

DÍA 4

¿QUIÉN SE CREE USTED QUE ES?

Me miré en el espejo e hice una mueca al ver la mancha oscura en la parte inferior de mi espalda. Ya hacía dos semanas que la había notado mientras me preparaba para dormir y realmente ya me estaba preocupando. Me di la vuelta para verme la espalda en el espejo del clóset de mi dormitorio y viré la cabeza lo más que pude para observarla detalladamente. .

¿Qué podía ser aquello? No lo sabía. Pero después de observarla durante dos días, me aseguré de algo: llamaría al médico por la mañana.

Decidí comentárselo a mi esposo, quien me dio la vuelta para echar un vistazo. "No veo nada", me dijo y siguió leyendo su libro.

Dudé que lo estuviera tomando muy en serio, así que le pedí que mirara por segunda vez... exactamente... aquí. Una vez más, no vio nada. O Dios había llevado a cabo un milagro vertiginoso en mí, o Jerry necesitaba uno para su ceguera.

Llegado a ese punto, lo obligué a entrar al baño conmigo, coloqué mi cuerpo en la misma posición, debajo de la tenue luz del baño, y le señalé el lugar donde estaba el moretón que yo no podía creer que él no viera.

Gracias a Dios, finalmente lo notó. Entrecerró los ojos para mirar detenidamente mi piel. Pero después de unos segundos, me agarró por el codo derecho y me dio un tirón un poco a la derecha, luego se sonrió y regresó a la habitación. Sorprendentemente, la mancha en la parte inferior de mi espalda de repente había desaparecido por completo. Solo había sido una sombra.

Un cambio de perspectiva lo cambió todo.

CAMBIAR LAS SOMBRAS

Gedeón había estado viendo sombras a través de su vida. Esto lo había dejado desmoralizado, preocupado y desalentado. Durante siete años había vivido con una siniestra silueta madianita que se estableció en su alma, ocasionándole un entorno de desánimo a su alrededor.

Así que uno de los primeros objetivos del ángel, en el momento de su encuentro, era darle al futuro juez un tirón para sacarlo de las sombras y llevarlo a la luz aclaratoria de la perspectiva de Jehová.

Complete los espacios en blanco de Jueces 6.12:
"Jehová está contigo, _____ _____."

¿En cuáles de los aspectos siguientes se enfoca esta
porción del mensaje del ángel a Gedeón?
☐ lo que se le había llamado a hacer
☐ a quién se le había llamado a derrotar
☐ quién era
☐ quién estaba con él
☐ a quién se le había llamado a liderar

"Varón esforzado y valiente" en hebreo es *gibbor chayil*, que en la NVI
también se traduce como "guerrero valiente". La terminología es la misma
que se usa para describir a los valientes guerreros de David, quienes habían
llevado a cabo hazañas valientes en nombre del rey (1 Crónicas 11.10-25).
Este término tenía sentido en el caso de los guerreros de David. Ellos eran
guerreros selectos, cuidadosamente seleccionados para llevar a cabo tareas
especiales. Eran campeones. Cuando otros languidecían bajo la presión,
estos hombres permanecían firmes, inquebrantables en el apoyo a su
nuevo rey.

Subraye las palabras clave en el párrafo anterior que
describen a un *gibbor chayil*.

Al considerar la postura actual de Gedeón, ¿qué
pudo haber hecho para que la declaración del ángel
fuera irónica e increíble?

Gedeón no tenía el aspecto de un "varón esforzado y valiente".
Arrinconado en silencio en el lagar, Gedeón se sentía y se veía como
cualquier cosa, menos como un valiente. Nadie habría descrito a este
hombre con este término hebreo. Pero la visión de Jehová no estaba
sujeta a la realidad ni a las acciones de Gedeón. Gedeón hasta puede haber
estado bajo la sombra de Madián, pero Jehová no lo estaba. Dios pudo
ver más allá de lo exterior y llamó a Gedeón de tal manera que es probable
que aquel tímido hombre ni siquiera se diera cuenta de que se refería a
él. Gedeón no era un agricultor asustado. Realmente no. Así era como se
estaba comportando, pero en realidad él no era así.

La conducta no determina la identidad.

La perspectiva de Jehová acerca de nosotros es a menudo tan increíble,
tan ajena a nuestro propio sistema de creencias y conducta que puede ser

como un rayo que golpea nuestras almas insensibles. Con frecuencia nos sacude para sacarnos de las sombras inapropiadas de nuestra experiencia a la verdad de la realidad de Dios.

El ángel ya le había dicho a Gedeón Quien estaba con él, pero ahora quería revelarle lo que estaba en él. El ángel sabía que Gedeón no respondería bien al llamado hasta que la percepción de su potencial se modificara. Así que el ángel sacudió al futuro héroe para sacarlo de las sombras hacia la luz clara y brillante del amor de Jehová.

> Quien es usted es más importante que aquello que se le ha llamado a hacer.

¿Por qué cree usted que es esencial que los creyentes comprendan su identidad antes de avanzar hacia su destino?

Si alguna vez ha visto cómo una identidad espiritual incorrecta o deformada puede obstaculizar el éxito espiritual de alguien, descríbalo en el margen y prepárese para comentarlo con su grupo.

CRÉALO O NO LO CREA

Así que Gedeón era un guerrero valiente, ¿cierto? Bueno, parece que ni él mismo se lo creía.

Lea la respuesta que Gedeón le da al ángel en Jueces 6.13. ¿Cómo lidió Gedeón con la postura del ángel refiriéndose a él como un guerrero valiente?
☐ La refutó.
☐ La aceptó con vacilación.
☐ La recibió, la creyó y caminó según ella.
☐ La ignoró por completo.
☐ Pensó que se refería a otra persona.

Marque el par de términos que mejor describan alguna disparidad con la que ha estado lidiando entre la percepción que tiene de sí mismo y la percepción bíblica de quién es usted en Jesucristo.

Percepción de sí mismo	Percepción de Dios	Referencia bíblica
temeroso	valiente	Josué. 1.9, Salmos 138.3
incompetente	capaz	2 Corintios 3.5-6
sin dones	capacitado	1 Corintios 1.4-8, Hebreos 13.20-21
sin valor	valioso	1 Pedro. 2.9, Mateo. 6.26
rechazado	aceptado	Juan 15.16
insignificante	especial	Sofonías 3.17, Efesios 1.3-6

¿Se ha dado cuenta de que esto tiene un impacto en su habilidad de caminar como le agrada al Señor? De ser así, ¿en qué sentido?

Mantenga un recordatorio de la Palabra de Dios para usted en este aspecto de su vida. En una tarjeta de 3x5, escriba los pares de palabras que seleccionó. Al dorso, escriba el pasaje que Dios le ha dado con respecto a ese asunto. Tenga la tarjeta a mano toda la semana.

Escriba las razones por las que escogió el par de palabras que seleccionó y luego mire los versículos correspondientes para leerlos y reflexionar en ellos en oración.

No puedo contar cuántas veces he pasado por alto las declaraciones de Dios acerca de su percepción sobre mí. A veces, en vez de actuar de una manera que es incongruente con lo que Él dice, simplemente lo descarto, considerándolo como algo que puede ser cierto para otros, pero no para mí. Sin Él, abandonada a mi propia realidad, soy en definitiva una de aquellas "temerosas, incompetentes, insignificantes" que aparecen en la lista. Pero con Él, mis propósitos y posibilidades cambian por completo.

Gedeón estaba muy escéptico con respecto a la descripción que Dios había hecho de él que ni siquiera tomó en cuenta el título de *gibbor chayil* en su respuesta. Inmerso en la agonía de la devastación y la desilusión, se refirió a otro tema completamente diferente. En esencia, Gedeón pasó por alto una de las porciones más importantes de su interacción divina.

En ocasiones nosotros hacemos lo mismo.

Con anterioridad usted seleccionó la opción que mejor describe cómo Gedeón lidió con la declaración del ángel. Regrese y encierre en un círculo la opción que mejor describe la manera en que suele lidiar con aquello que Dios dice con respecto a usted.

Piense específicamente en los pasajes que ha revisado anteriormente. ¿Hay alguna parte en el punto de vista de Dios acerca de su identidad o potencial que ha descartado o pasado por alto? ¿Por qué?

¿Cómo se manifestaría en su vida el hecho de "recibirlo, creerlo y caminar en ello"? ¿Qué cambiaría en las próximas veinticuatro horas de su vida si usted creyera lo que Dios dice?

TRABAJO PRELIMINAR

A veces buscamos prematuramente la misión a la que se nos ha llamado y obviamos el trabajo preliminar necesario de aprender y caminar en la identidad espiritual que Dios nos ha dado. Cuando las sombras de la vida distorsionan nuestra realidad, esas distorsiones fácilmente pueden convertirse en nuestra realidad, alejándonos de la verdad de Dios y frustrando nuestro propósito.

La tarea a la que Dios nos está llamando quedará sin hacer a menos que estemos convencidos de los aditamentos espirituales que se nos han dado para que la cumplamos. Tal vez la perspectiva de Dios nos parezca increíble e incluso totalmente incorrecta si nos basamos en la forma en que actuamos y nos sentimos. Pero confiar en Dios y caminar en su declaración de potencial es el fundamento de la victoria espiritual.

Un creyente sin un claro sentido de su propia identidad espiritual es como un oficial de policía sin placa, como un conductor sin licencia. Puede que tengan el equipo adecuado, pero no tienen la autoridad para usarlo.

Gedeón era más que la suma de sus partes cobardes. Era más que sus circunstancias. Era un guerrero valiente a quien un encuentro con el mismo Dios lo tocó. Y usted, mi amigo, también lo es.

Incluso si está escondido en un lagar.

Incluso si está huyendo del enemigo.

Incluso si ahora se siente más humillado que nunca antes.

Incluso si la intimidación y el temor han sido sus constantes compañeros.

Hoy, usted está saliendo de las sombras. Ahora, levante la cabeza y actúe como tal.

LA TAREA DE GEDEÓN

Lo primero es primero. Es un refrán que se usa mucho y que se ignora con frecuencia porque no sabemos a qué debemos dar prioridad ni tampoco nos gusta aquello que está en el primer lugar de la lista.

Cualquier duda que Gedeón pudo haber tenido acerca de la procedencia celestial del visitante se había desvanecido de su mente (Jueces 6.21). Ahora sabía con seguridad con Quien estaba tratando en su improvisado suelo para trillar. Así que Gedeón, luego que apaciguaron su incertidumbre, edificó un altar (Jueces 6.24) que representaba el principio del cambio de su lealtad a Dios en lugar de a los dioses falsos de su pueblo.

A medida que este cambio comenzaba a arder en la mente y corazón de Gedeón, Jehová comenzó a detallar la primera tarea que le daría. Lo estaba enviando a un campo misionero mucho más cercano de lo que Gedeón habría imaginado.

Complete los espacios en blanco de Jueces 6.25: Acontecíó que la misma noche le dijo Jehová: "Toma un toro del hato de tu padre, el segundo toro de siete años, y _____ el altar de _____ que tu _____, tiene, y _____ también la imagen de Asera que está junto a él".

El hecho de que la edad del toro que Gedeón iba a sacrificar correspondiera con los años que Madián había asolado a Israel no era coincidencia. Este año, el octavo, sería el último para ambos.

Ya se le había dicho a Gedeón "salvarás a Israel de la mano de los madianitas" (v. 14). Pero ese ministerio no comenzaría allí. Gedeón sería el líder de una reforma que iba a empezar en el lugar donde había abierto los ojos aquella mañana.

Su propia casa.

CORAZONES Y HOGAR

La primera tarea de Gedeón parecía contraria a lo que el ángel del Señor le había dicho antes. Librar a su casa de un ídolo no era el primer paso lógico en el camino para liberar a Israel de Madián. Pero ese era un requisito necesario para el próximo paso. Hasta que Israel no se deshiciera de sus ídolos y de su fidelidad hacia ellos, la libertad externa de la tribulación sería, en el mejor caso, superficial y temporal.

De modo que el trabajo de Gedeón comenzaría en su círculo más cercano y se extendería desde allí hasta afuera. El viaje para cumplir nuestro propósito divino casi siempre seguirá este mismo patrón. Tome nota del viaje del llamado de Gedeón.

¿Por qué piensa que el hecho de que Gedeón comenzara su trabajo de esta manera fuera un aspecto crítico para el triunfo global de Israel?

Escriba sus iniciales en el más pequeño de los círculos que aparecen abajo. En los círculos un poco más grandes escriba las dos esferas de influencia más cercanas en su vida, las personas o los ambientes más cercanos a usted.

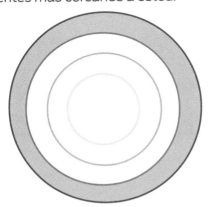

Considere en oración aquello que acaba de escribir en el cuadro.

Para un estudio más profundo:
Note quién respondió cuando Gedeón tocó la trompeta para reunir a los hombres para la batalla en Jueces 6.34-35. Vea la progresión externa de su influencia, en toda su tribu y luego en toda la nación.

Ministre a sus esferas de influencia: Comience desde adentro y continúe hasta el exterior.

> ¿Qué está pidiéndole Dios que haga con respecto a ellos? ¿Por qué cree que a menudo las personas evitan estos círculos?

La decisión de comenzar a hacer nuestro trabajo desde las esferas más insignificantes y menos notables y de dedicar nuestros mejores dones a eso es, a menudo, un pensamiento que ni siquiera nos cruza por la mente. A menudo queremos saltar directamente desde el centro hasta el perímetro de impacto, saltándonos los aspectos más cercanos a nosotros. ¿El resultado? Una vida y un llamado que con el tiempo colapsan, derribándose sobre su estructura inestable y de mala calidad.

Dios tenía una razón para colocar a Gedeón estratégicamente en esta familia, en esta tribu y en este valle. Su intención era llamar y preparar a Gedeón para que influenciara a sus relaciones más cercanas antes de moverse a algo y a alguien más.

La prioridad y la preeminencia de servir a aquellos en la esfera más cercana a nosotros se ven a lo largo de todas las Escrituras. Cuando Dios escogió a Abraham para que fuera el padre de Israel, recibió instrucciones acerca de cuál sería su primera tarea.

> Vaya a Génesis 18.19. Diga, con sus propias palabras, ¿en qué le dijo Dios a Abraham que se concentrara antes de experimentar el cumplimiento de sus promesas?

Siglos más tarde, cuando los discípulos de Jesús llegaron a la época de la iglesia, Dios les dio un poder único para que funcionaran en su nombre y luego estableció con claridad el curso que debía seguir su ministerio.

"Pero recibiréis poder, cuando haya venido sobre vosotros el Espíritu Santo, y me seréis testigos en Jerusalén, en toda Judea, en Samaria, y hasta lo último de la tierra".
Hechos 1.8

> En Hechos 1.8, subraye las tres esferas de influencia que se mencionan y luego escríbalas aquí abajo en orden:
>
> 1.
>
> 2.
>
> 3.

Los discípulos estaban en Jerusalén cuando recibieron estas instrucciones de Jesús. Debían concentrarse en el ministerio que debía llevarse a cabo en el lugar donde estaban para continuar saliendo al exterior en su misión. Comience adentro, continúe hacia afuera.

Lo primero es primero. Tanto para Gedeón como para nosotros.

ES MÁS DIFÍCIL EN CASA

Gedeón se había criado en una familia que adoraba ídolos. Su propio padre era el que mantenía el altar de Baal en el pueblo de Ofra.

> Responda las siguientes preguntas, usando Jueces 6.27 como guía:
>
> 1. ¿Hizo Gedeón lo que Dios le pidió?
>
> 2. ¿Cómo lo hizo?
>
> 3. ¿Por qué lo hizo de esa manera?
>
> 4. ¿Qué cree que provocó que se sintiera así?

En Meguido se encontró un altar de Baal que tenía ocho metros de ancho y dos metros de alto. Hecho de muchas piedras y cementado con barro. Destruir y acabar con tal altar debió ser una tarea inmensa.[3]

A menudo, como en el caso de Gedeón, no es fácil lidiar con nuestras esferas de influencia más pequeñas solo porque son más pequeñas. Por el contrario, algunas de las oportunidades más difíciles e intimidantes para caminar en el llamado de Dios vienen cuando estamos contemplando los rostros de aquellos que mejor nos conocen y a los que más amamos.

Considere cómo debe haberse sentido Gedeón al derribar aquello a lo que su padre había dedicado su vida para construir, enseñar y defender. Con cada piedra que él y sus sirvientes desmantelaban, se despegaba otra capa de la ideología que había embargado a su familia. Esta rápida demolición del ídolo no estaba afectando a un pueblo al azar ni a una familia a la que nunca más vería. Esta era una tarea cuyas consecuencias sentiría, vería y soportaría cada día desde aquel momento en adelante.

- Cuando la hija cristiana decide evangelizar a sus padres no cristianos...
- Cuando la esposa piadosa decide ser un ejemplo para su esposo impío...
- Cuando el adolescente decide influir en el ambiente pagano de su escuela
- Cuando el colega trata de ejercer influencia en sus amigos en el trabajo

Las implicaciones son mucho más elevadas cuando el campo misionero es muy personal.

He oscurecido el círculo periférico en el diagrama anterior porque lo que prosigue en su viaje no es tan crítico como el lugar en que se encuentra ahora mismo. Usted debe servir ahora dondequiera que esté. Estos círculos más internos son los que con frecuencia ofrecen la menor cantidad de reconocimiento. Esta es la razón por la que muchas personas tratan de eludirlos. No obstante, el mayor impacto que ejercerá será en ellos, en los ritmos ordinarios de su vida diaria.

¿Cuáles son las dos cosas más difíciles que con probabilidad enfrente al servir a aquellos en los dos primeros círculos de su diagrama?

Seguir a Dios de todo corazón dentro de estos círculos cercanos de fe a menudo le causará una incomodidad interna y requerirá una fidelidad diaria que no puede evadir solo porque sean las cinco de la tarde y el día de trabajo haya terminado. Es más fácil pararse en una plataforma y enseñar a personas que tal vez nunca volvamos a ver que caminar con nuestros propios hijos, amigos y seres queridos con disciplina y responsabilidad. Pero estas esferas abarcan el centro de un ministerio verdadero.

Comience por aclarar quiénes son las personas que deben estar en su esfera de influencia primaria. Niéguese a buscar relevancia en otro lugar si ha pasado por alto cualquier paso cercano y necesario en el viaje que Dios tiene para usted.

Ore por una fe valiente y por una valentía santa para comenzar donde está. Dios se lo dará.

La próxima semana veremos la confianza de Gedeón extendida hasta el máximo. Por ahora, tome un momento para asimilar lo que Dios le ha enseñado hasta aquí. ¿Cómo se ha sentido retado? ¿Qué lo ha animado? Repase sus pensamientos y pase algún tiempo hablando con Dios a medida que termina esta semana de nuestro estudio.

LA CLAVE DE NUESTRA FUERZA

Tengo una santa expectativa con respecto a esta semana. Mis ruedas espirituales están chirriando de emoción por lo que Dios nos va a enseñar a medida que nos adentramos en esta parte tan importante de la historia de Gedeón. Si hay un lugar donde cada uno de nosotros puede sentirse identificado con este agricultor convertido en guerrero, es este.

Todos sabemos cómo nos sentimos cuando estamos

Asustados.

Excedidos en cantidad.

Intimidados.

Exhaustos.

Y así estaba Gedeón.

Ya sea que se refiera a la nueva compañía que acaba de contratarle, a la familia que le necesita, o al ministerio que está llevando a cabo, sus circunstancias pueden estar colgando como un peso muerto sobre sus hombros. Puede que se sienta pobremente preparado para manejar todas estas demandas agotadoras. Ese sentido penetrante de ineptitud, que nos golpea como las olas del mar cuando todo parece estar más allá de nuestra capacidad, puede terminar por paralizarnos.

Casi seguro que Gedeón sintió la misma presión.

GEDEÓN

Levantándose, pues,
de mañana Jerobaal,
el cual es Gedeón,
y todo el pueblo
que estaba con él,
acamparon junto a
la fuente de Harod; y
tenía el campamento
de los madianitas al
norte, más allá del
collado de More, en el
valle.

Jueces 7.1

Revise el mapa de la Geografía de Gedeón al final de este libro y marque la fuente junto a la cual acampó el ejército de Gedeón. Dibuje una flecha indicando hasta dónde acampó Madián.

Considere la perspectiva de Israel acerca de Madián, según se describe en Jueces 7.1. ¿Cómo este punto de vista pudo afectar el estado moral de Israel?

Recuerde, una premisa fundamental en este estudio es que nuestras debilidades son los conductos por medio de los cuales experimentamos la fortaleza de Dios. La debilidad es una llave y, como casi todas las llaves, está hecha para abrir algo. Dios diseñó una llave específica para que usted abra la cerradura que ya le tiene preparada. Él usa sus debilidades, los aspectos y lugares en los que se siente menos fuerte para abrir una puerta divina. Sin esa llave no experimentaríamos la fortaleza de Dios.

Dios no lo excluyó a usted cuando estaba manufacturando los dones o las características específicas. Por el contrario, de manera especial y única preparó sus llaves para que abrieran puertas divinas. De modo que hoy hablaremos sobre cómo relacionar las dos cosas: su debilidad y la fortaleza de Dios. Gedeón estaba a punto de aprender una lección inolvidable acerca de este tema. Y lo mismo sucederá con nosotros.

Complete esta oración: "Mi _____ es la llave para abrir la _____ de Dios."

Su confianza (o la falta de ella) siempre encontrará sus raíces en la forma de manejar su llave. Su debilidad seguirá amplificada y desaprovechada mientras usted permanezca enfocada en esta, en vez de enfocarse en la fortaleza de Dios que se mostrará a través de esa misma debilidad.

¿Tiene la tendencia de enfocarse en su debilidad? Sí/No. Si es así, ¿qué efecto tiene esto en sus

- emociones?

- autoestima?

- confianza?

- habilidad para continuar avanzando?

Gedeón era un perdedor potencial. No importa cuán trascendentes fueran sus encuentros con Dios, los 32,000 soldados harapientos que pudo reunir todavía no se podían comparar con un ejército madianita de 135,000 hombres (Jueces 8.10) acampados en el valle, con sus impresionantes caravanas de camellos. Lo excedían ampliamente. Mientras que Gedeón siguiera concentrado en la disparidad de las fuerzas, con toda seguridad menguaría su confianza.

Situaciones abrumadoras como estas a menudo son la manera que Dios tiene de hacer negocios. La Biblia está llena de historias de personas que llegaron a ver convertida su debilidad en una demostración de la fortaleza de Jehová. Observemos dos de los ejemplos más impresionantes y familiares de las Escrituras.

DEMASIADAS BOCAS PARA ALIMENTAR
Primero, vaya a Lucas 9.12-17 y responda lo siguiente:

¿Cuál era el problema?

¿Qué tenían los discípulos para resolver el problema?

¿Cuál dijo Jesús que era la solución?

¿Cuáles fueron las dos soluciones que ellos propusieron (vv. 12-13)?

Al enfrentarse a 15,000 personas, o más, hambrientas (incluyendo mujeres y niños), los discípulos decidieron que enviarlos a su casa era la mejor manera de tener éxito. El problema estaría resuelto. Pero Jesús no lo permitiría, así que propusieron un plan B: ellos mismos irían a la ciudad con la esperanza de que el pueblo vecino les diera una solución.

Otra mala idea.

Ellos, así como Gedeón, se sentían excedidos en la cantidad de personas e incapaces por la misma razón: no estaban mirando lo que tenían que mirar. Tenían los ojos fijos en su problema inminente y en los escasos recursos, en lugar de pensar que Jesús estaba con ellos. Su punto de vista equivocado hizo que ellos se sintieran inseguros.

Ayer viví un ejemplo de esto cuando vi a mi hijo aterrorizado mientras corría huyendo de un perro juguetón y enérgico que le doblaba el tamaño. Su ansiedad desapareció tan pronto como se sintió seguro en mis brazos porque su atención cambió del perro aterrador a la seguridad que encontró en mí. Un cambio en el enfoque lo cambia todo. Considere las dos soluciones que los discípulos buscaron para resolver su situación.

Esta batalla fue la primera ocasión en que se usaron los camellos en la guerra y esto les dio a los madianitas una ventaja abrumadora sobre los israelitas. Los camellos podían "correr a una velocidad de sesenta y cuatro kilómetros por hora, mantener cuarenta kilómetros por hora durante una hora y cubrir ciento sesenta kilómetros en un día."[1]

¿Cómo suele usted lidiar con una situación cuando siente que está en desventaja?
☐ Trato de echar fuera el problema.
☐ Trato de alejarme del problema.

Explique su respuesta.

¿De qué manera un enfoque en su debilidad influye en la selección que hizo en el ejercicio anterior?

Creo que la lección de esta historia bíblica extraordinaria no se refiere tanto a la alimentación de personas hambrientas como a los discípulos vacilantes a quienes se les recordó que en Dios disponían de abundantes recursos. Despedir a la multitud no solo habría impedido que la multitud experimentara un milagro, sino que habría impedido que Jesús usara a los discípulos para llevar a cabo un milagro. La lección que Él quería enseñarles era clara: No se concentren en la disparidad entre el problema y sus recursos. Mírenme y vean cómo los cinco panes y los dos peces son más que suficientes.

Los cinco panes y los dos peces fueron la llave que Dios puso en las manos de los discípulos para abrir la puerta de la fortaleza de Dios. En vez de huir de sus debilidades o de subestimarlas, Él los llamó a usarlas.

5 + 2 = Más que suficiente

UN PROBLEMA GIGANTE

No me gusta usar pasajes bíblicos muy conocidos por temor a que alguien involucrado en el estudio de la Biblia, como usted, pueda bostezar de aburrimiento. Pero quiero que eche un vistazo diferente a 1 Samuel 17.24-25 donde se narra la historia familiar de David y Goliat. La imprimí en el margen para usted.

Subraye lo que los israelitas estaban mirando.
Encierre en un círculo la emoción que la vista de esto les produjo.

Casi se puede escuchar el temor nervioso en sus voces, preguntándole al joven David si había visto aquello a lo que se enfrentaban. Oh, sí, David lo

> Y todos los varones de Israel que veían aquel hombre huían de su presencia, y tenían gran temor. Y cada uno de los de Israel decía: ¿No habéis visto aquel hombre que ha salido?
> 1 Samuel 17.24-25

había visto. Pero, a diferencia de sus compatriotas, él estaba concentrado en otra cosa.

Goliat, el gran campeón de Gat, había dicho: "Hoy yo he desafiado al campamento de Israel" (1 Samuel 17.10).

¿Y adivine qué? David escuchó las palabras de Goliat (v. 23).

Israel estaba mirando, pero David estaba escuchando. Esta pequeña pero importante diferencia produjo una variación en sus respuestas. Por supuesto, David podía ver a aquel gigante de tres metros. (¿Cómo no iba a verlo?) Pero lo que escuchó hizo que una santa indignación surgiera dentro de él, haciendo que se concentrara en Aquel a quien se estaba blasfemando. Había tocado las fibras más íntimas de su creencia y confianza en Dios.

Así que, mientras todo Israel estaba paralizado a causa de lo que veía, David se dispuso a entrar en acción por causa de aquello que había escuchado. Él miró a Jehová, juntó cinco piedras pequeñas y conquistó a un gigante.

David aprendió la misma lección que aprendieron los discípulos: cambie su enfoque de la llave a la puerta que Dios puede abrir con ella. Use lo que tiene, no importa cuán débil sea, y Dios se ocupará del resto.

Para comentar en grupo: ¿Qué sería redirigir su enfoque en términos prácticos? Comenten algunas cosas estratégicas que los creyentes pueden hacer para redirigir su atención, quitándola de ellos mismos y enfocándola en el Señor.

Gedeón tenía 32,000 hombres. Su adversario tenía cuatro veces más. Sin duda alguna, estaba más enfocado en su deficiencia que en su Libertador. ¿La solución de Dios? Poner a Gedeón en una posición donde no tuviera otra alternativa que reenfocar su atención. En eso nos enfocaremos mañana.

Por ahora, considere con cuidado dónde está su enfoque. ¿En las multitudes hambrientas? ¿En el gigante charlatán? ¿En los madianitas? ¿En el enemigo? ¿En sus problemas? ¿En su carencia? La clave está en saber a dónde mirar. Y saber que, incluso en su debilidad: ¡La fortaleza de Dios siempre es... suficiente!

MENOS ES MÁS

Disfruto salir a correr... pero no soy una corredora seria. Me gusta pensar que lo soy, pero las personas que veo en la calle, y que realmente lo son, me recuerdan que yo no lo soy. Son veloces, esbeltos y no se detienen para caminar (como hago yo) cuando llegan a una cuesta. Diferentes a mí, no usan una enorme sudadera gris ni largos y pesados trajes deportivos cuando hace un poco de frío afuera. Los corredores serios usan zapatos ligeros, medias al tobillo, shorts para correr y una camiseta delgada. Y si se ponen algo más, es solo una banda elástica para recoger las gotas de sudor o sujetar el iPod a sus brazos.

Sí, los corredores serios no se atascan con mucho peso o demasiados artefactos. Saben que el secreto del éxito a corto plazo y de la resistencia a largo plazo es llevar tan poco peso como sea posible.

Dios quería recortar el ejército de los 32,000 hombres de Gedeón. Su plan para el éxito a corto plazo y para la resistencia a largo plazo de la nación no se podía alcanzar si llevaban algún exceso a la batalla. Eso se debía a que su propósito no se detenía ni comenzaba con una simple victoria en esta batalla. Tal vez esa fuera la meta de Gedeón, pero no la de Jehová. Dios estaba en busca de algo mucho más íntimo y personal.

> Y Jehová dijo a Gedeón: El pueblo que está contigo es mucho para que yo entregue a los madianitas en su mano, no sea que se alabe Israel contra mí, diciendo: Mi mano me ha salvado.
> Jueces 7.2

En Jueces 7.2, ¿qué palabras o frases clave dejan clara la intención de Dios de continuar recortando este ejército?

¿En qué momentos algunas de esas palabras o frases han sido reales para usted? ¿Se ha dado a sí mismo el crédito, o a alguien más, con respecto a algo que hizo Dios? ¿Cuál cree que fue la causa de su equivocación? Comente esto con su grupo.

GENTE OLVIDADIZA

La amnesia espiritual era un problema constante en Israel. Olvidaban con facilidad Quién hacía cosas buenas a favor de ellos. Incluso, después que Dios los sacó de Egipto en una misión de rescate divino, olvidaban muy a menudo la bondad y la misericordia de Jehová. De modo que Moisés pasó la mayor parte del libro de Deuteronomio recordándole al pueblo todas

> El orgullo olvida. La humildad recuerda.

las cosas que Dios había hecho a su favor. El orgullo olvida. La humildad recuerda.

Cuando Gedeón y sus 32,000 hombres se disponían a ir a la batalla, Dios sabía algo acerca de su pueblo en aquel entonces que también sabe ahora del pueblo actual: cuando estamos aunque sea medianamente posicionados para sobresalir en una tarea, tendemos a apropiarnos del crédito que pertenece completamente a Él. Mientras que podamos justificar el éxito de algo con números, buenas ideas, experiencia, o buenos genes, trataremos de apropiarnos de lo que es de Él. Entonces nos ahogaremos en un orgullo lúgubre que debilita nuestra fibra espiritual. Hablaremos sobre esto con más profundidad, pero primero lea Jueces 8.22.

Después de la batalla, ¿a quién le dieron el crédito los israelitas y qué querían hacer como resultado?

¿Cómo ha visto que el crédito mal dirigido puede llevarlo a una confianza mal ubicada o a deseos malsanos para usted u otra persona?

Según el Salmo 103.2, ¿qué beneficios de la bondad de Dios ha experimentado usted últimamente aunque tal vez pensara que eran méritos suyos o de alguien más?

Creo que ahora debo alertarlo: esta historia no termina bien. Al final de estos capítulos verá que ni Gedeón ni el pueblo de Dios decidieron con sabiduría. A medida que se implantó el orgullo, Gedeón comenzó a ocuparse de los asuntos, por sí solo y con arrogancia, y de nuevo la nación regresó a la idolatría.

Admito que mientras estudiaba me sentí frustrada con esto, quería estar allí y darles una buena bofetada a los israelitas. Pero había algo que siempre me detenía: ¡Yo también he actuado como ellos! Dios recortó el ejército de Gedeón por la misma razón que a menudo el Señor permite que nosotros tengamos escasez. Él sabía que mientras más difícil fuera la batalla, más probabilidades habría de que Israel, y más probabilidades hay de que nosotros, nos inclinemos hacia la humildad.

Así que los 32,000 se convirtieron en 300. Las proporciones se incrementaron de 4.1 a un astronómico e inimaginable 450.1. De esta manera, Dios minimizó las probabilidades de que se apropiaran, con orgullo, del crédito por la victoria.

No te vuelvas orgulloso ni olvides al Señor tu Dios, quien te sacó de Egipto, la tierra donde viviste como esclavo.
Deuteronomio 8.14, NVI

Bendice, alma mía, a Jehová, y no olvides ninguno de sus beneficios.
Salmo 103.2

ABRA LA PUERTA

¿Recuerda lo que estudiamos ayer? Nuestra debilidad es la llave que Dios usa para abrir la puerta, pero aunque ya esté sin seguro, todavía hay que abrirla. La humildad es el picaporte que agarramos para hacer que la puerta del poder de Dios se abra de par en par en nuestras vidas. Mientras que el orgullo, la arrogancia y la autosuficiencia provocan la oposición de Dios y cierran la puerta de su favor, la humildad fomenta una dependencia de Él y desata su poder en nuestras vidas.

Si algo iba a ocasionar la caída de este pueblo, no sería Madián, sino el orgullo de Israel. Así que Dios, a propósito, arrancó con amor las tiras del pellejo al ejército de Gedeón hasta dejarlo en los huesos para que no tuvieran otra alternativa que contar con Jehová para la victoria.

Observe las flechas que están abajo. Cuando Dios permite que nuestra autosuficiencia y nuestra fuerza disminuyan en un aspecto, nuestro grado de humildad y dependencia de Dios casi siempre se eleva. Cuando nos sentimos capacitados y competentes, nuestra humildad tiende a caer en picada hacia un abismo de orgullo que obstaculiza la obra de Dios en nuestras vidas.

Esto no significa que no debamos celebrar nuestros dones y talentos, lo que significa es que debemos estar muy vigilantes para conservar nuestra humildad cuando usamos esos dones. Por otra parte, no debemos ver nuestras debilidades como repulsivas, sino como útiles para desarrollar nuestra dependencia continua de Dios.

La debilidad quita el seguro de la puerta. La humildad la abre.

La humildad no es pensar mal de uno mismo. Es estar dispuesto a ponerse a un lado en favor de un propósito más importante.

Vanidad y palabra mentirosa aparta de mí; no me des pobreza ni riquezas; manténme del pan necesario; no sea que me sacie, y te niegue, y diga: ¿Quién es Jehová? O que siendo pobre, hurte, y blasfeme el nombre de mi Dios.
Proverbios 30.8-9

Personalice estas flechas. En el espacio en blanco, escriba una palabra que le recuerde el aspecto que le está causando un incremento de humildad en su vida. En el segundo juego, escriba una palabra que describa un aspecto que podría estar contribuyendo a un incremento del orgullo.

HUMILDAD — HUMILDAD / FORTALEZA — FORTALEZA / HUMILDAD — ORGULLO

_____

_____

_____

_____

¿Cuáles son algunas estrategias prácticas que puede llevar a cabo para fomentar y mantener la humildad?

ANTES DE LA CAÍDA

Muchas de las elecciones imprudentes de Gedeón, durante los años siguientes, estuvieron relacionadas con el enemigo solapado del orgullo. Así que haríamos bien en llevar este asunto a Dios en este mismo instante, agarrarnos con todas nuestras fuerzas a la humildad.

¿Cuál, si alguna, de estas consecuencias han sido más aparente en su vida? ¿Cómo?

Conecte los siguientes pasajes con las consecuencias del orgullo. He hecho uno como ejemplo.

_C_ El orgullo induce al error.	A. Y quebrantaré la soberbia de vuestro orgullo, y haré vuestro cielo como hierro, y vuestra tierra como bronce (Lv. 26.19).
__ El orgullo impide que usted hable la verdad.	B. El malo, por la altivez de su rostro, no busca a Dios; no hay Dios en ninguno de sus pensamientos. (Sal. 10.4)
__ El orgullo provoca el juicio de Dios.	C. Enmudezcan los labios mentirosos, que hablan contra el justo cosas duras con soberbia y menosprecio (Sal. 31.18).
__ El orgullo provoca disensión e impide que escuche y haga caso a un consejo.	D. Ciertamente la soberbia concebirá contienda; mas con los avisados está la sabiduría. (Proverbios 13.10)
__ El orgullo crea un espíritu de autonomía y le impide buscar a Dios.	E. Todo el día mis enemigos me pisotean; porque muchos son los que pelean contra mí con soberbia (Sal. 56.2).
__ El orgullo hace que usted emita juicios injustos y ataque a otros.	F. La soberbia de tu corazón te ha engañado, tú que moras en las hendiduras de las peñas, en tu altísima morada; que dices en tu corazón: ¿Quién me derribará a tierra? (Abdías 3).

El orgullo es la causa oculta de las relaciones destruidas, el crecimiento espiritual atrofiado y la sanidad emocional frustrada. Muchas de las dificultades externas de la vida tienen sus raíces en esta realidad interna. Entonces, ¿qué le parece si trazamos una línea en nuestros corazones y desalojamos a este horrendo inquilino de una vez y para siempre?

Muchas de las dificultades externas de la vida tienen sus raíces en la realidad interna del orgullo.

Agradezca al Señor el don de la debilidad que continúa cultivando un estado de humildad en su vida.

DOBLE PROBLEMA

Mirad también por vosotros mismos, que vuestros corazones no se carguen.
Lucas 21.34

Hoy, mientras observamos a Dios aventar las tropas de Gedeón, quiero dejar claro que tener muchos recursos para luchar y vencer no es algo malo. He conocido personas que están extraordinariamente dotadas en un aspecto determinado, con finanzas muy sólidas o incluso han sido bendecidos con una enorme cantidad de buen parecer, sin embargo, a pesar de eso, han mantenido un agudo sentido de la humildad. No hay nada malo con tener fortalezas. De hecho, usted ya las tiene... y debe celebrarlas. Solo debe preocuparse cuando el extra, el "más", comience a disminuir la potencia de lo que debe importar más en su vida y carácter.

Como cuando los dones abundantes comienzan a desbaratar su humildad. O cuando más dinero diluye su confianza en Dios como un niño. O cuando un horario más ocupado lo aleja constantemente de su familia. Algunas veces más no es mejor y Gedeón estaba a punto de descubrir por qué no era mejor para él. Dios sabía (como solo Él lo puede saber) que un ejército de este tamaño tenía el potencial de causar daño no solo al enemigo sino también, extrañamente, a sí mismo.

Hoy veremos cómo Dios escogió reducir al ejército. Sus métodos nos dan pistas acerca de los problemas que demasiados soldados israelitas pudieron haber causado a Israel y el gran problema que puede representar para nosotros un arsenal sobrecargado de recursos.

¿FORTALEZA EN NÚMEROS?

Ahora, pues, haz pregonar en oídos del pueblo, diciendo: Quien tema y se estremezca, madrugue y devuélvase desde el monte de Galaad. Y se devolvieron de los del pueblo veintidós mil, y quedaron diez mil.
Jueces 7.3

Los estrategas militares coinciden en que una moral positiva es una de las armas más importantes en el arsenal de un soldado y la forma más rápida de menguar el optimismo de un soldado es estar muy cerca a otro que esté sufriendo un ataque de pánico. El temor y la inseguridad pueden extenderse como el fuego, sembrando un terror que obstruirá el éxito.

Subraye las palabras en Jueces 7.3 que describen la clase de soldados que Gedeón debía enviar a casa. Encierre en un círculo la cantidad de personas que encajan en esta descripción.

El corazón de Gedeón tiene que haber desfallecido cuando más de dos tercios de su ejército comenzó a alejarse del batallón, es probable que al principio fuera uno por uno y luego en grandes multitudes, a medida que se fue haciendo más fácil e inadvertido unirse al éxodo masivo. Solo puedo imaginarme con cuánta ansiedad Gedeón estaría mirando aquello que estaba perdiendo, pensando que cualquier posibilidad de obtener la victoria se iba detrás de las huellas enlodadas de aquellos que marchaban a casa. Pero esta estrategia de Dios no era un juego. Él tenía una razón táctica para operar de este modo, una con un contexto muy antiguo.

La Ley para el pueblo de Dios con respecto a la guerra se encuentra en Deuteronomio 20.8. Lea el versículo y luego responda las siguientes preguntas:

1. ¿A quiénes debían seleccionar los oficiales?

2. ¿Qué debían hacer aquellos que encajaban en esta categoría?

3. ¿Por qué?

Para mantener un sentido de ánimo y optimismo, Dios le dijo a los hebreos que enviaran a casa a todo el que tuviera miedo. Tenerlos allí lógicamente hacía que se percibiera una fortaleza en las cantidades, pero también significaba que tendrían más dificultad a la hora de entrar en la batalla con valentía. El temor desatado se habría convertido en un arma más poderosa para Israel que las espadas en las manos de sus enemigos.

Permítame decirle que el Señor tuvo que llevar a cabo un duro entrenamiento para hacer que yo viera la aplicación de este principio en mi vida. Parecía extraño que tener más de algo pudiera volverme más temerosa o insegura. Pero la lección se volvió clara al observar a un vecino que todas las noches después del trabajo quitaba meticulosamente cada partícula de polvo de su moderno auto nuevo. ¿Acaso el tener un auto más bonito no aumenta su ansiedad por que no quiera que se ensucie o se raye? ¿Acaso el tener más clientes no le hace temer que no pueda satisfacer sus necesidades? ¿Podría el tener más ropa y accesorios indicar de que tiene miedo de que no lo perciban bien sin estos? ¿Es 32,000 siempre mejor que 300? Tal vez no.

¿Hay alguna cosa o alguna relación que está contribuyendo a un sentido de inseguridad o temor en usted? Si no está seguro, pídale al Señor en oración que le revele lo que quiere mostrarle en este sentido.

¿Se ha fortalecido su confianza en Dios y en su habilidad cuando ha tenido que hacer más con menos? ¿En qué sentido?

"No temas" es una declaración bíblica que resuena de una punta a otra en las Escrituras. De hecho, está escrita más de 300 veces, incluyendo:
- a Abraham, mientras luchaba para creer las promesas de Dios (Génesis 26.24)
- a los hermanos de José, al confesar sus hechos pasados (Génesis 50.19)
- a Josué, tratando de llenar la medida de liderazgo de Moisés (Josué 8.1)
- a Ruth, indefensa y necesitada a los pies de Booz (Rut 3.11)
- a Daniel, con su rostro en tierra al ver una visión terrible a la orilla de un río (Daniel 10.12)
- a Pablo, tratando de mantener la calma en un barco que se hundía (Hechos 27.24)

El camino a su bendición, descubrimiento, liberación o victoria no podía estar acompañado por el temor. Tampoco el de Gedeón. Tampoco el suyo. El Señor esta empeñado en sacar cualquier cosa de su vida que pueda promover aquello que va a impedir su progreso. .

PERMANECER ALERTA

Jueces 7.5-6 tiene la segunda prueba para reducir las tropas de Gedeón. Observe los versículos en el margen.

Marque las dos posiciones en las que Gedeón debía fijarse a medida que los hombres saciaban su sed en el río.

Sin pensar en la guerra que tenían por delante, 9,700 de los 10,000 hombres que quedaban cedieron a los deseos del cuerpo, desviando la vista completamente de las amenazas que tenían a su alrededor y doblándose para beber la fresca agua que tenían delante. Solo 300 de ellos, aunque estaban igual de sedientos, mantuvieron su posición. Sus ojos se alejaron de la colina infectada de enemigos solo el tiempo necesario para coger un poco de agua en las manos y llevarla a sus rostros atentos y escudriñadores. Tenían que calmar la sed y lo hicieron, pero no a costa de su estado de alerta y de su preparación para la guerra.

Aunque este método de filtrado no está tan claro como el anterior y aunque Dios nunca especifica el razonamiento, todo parece indicar que el

Entonces llevó el pueblo a las aguas; y Jehová dijo a Gedeón: Cualquiera que lamiere las aguas con su lengua como lame el perro, a aquél pondrás aparte; asimismo a cualquiera que se doblare sobre sus rodillas para beber. Y fue el número de los que lamieron llevando el agua con la mano a su boca, trescientos hombres; y todo el resto del pueblo se dobló sobre sus rodillas para beber las aguas.
Jueces 7.5-6

estado de alerta de los soldados se estaba poniendo a prueba. En última instancia, Dios hizo una selección divina de los 300.

Gedeón necesitaba soldados que fueran devotos y que no se distrajeran de su propósito primario por los deseos de su carne. Con el tiempo, los soldados no vigilantes pudieron haber comenzado a contaminar a los otros, disuadiéndolos de sus propósitos y quebrantado su voluntad.

Mi amiga Ela recientemente vio sus "32,000" reducidos. El año pasado su vida estaba llena de capacidad con un empleo floreciente, una relación amorosa estable, un grupo de chicas a las cuales discipulaba y tres compañeras con las que compartía una casa y una buena amistad. Sin embargo, durante los últimos seis meses cambiaron sus responsabilidades en el trabajo, terminó su relación de un año, terminó su posición como líder del grupo de discipulado y dos de sus compañeras se mudaron.

Estos cambios la hicieron sentir inestable e insegura con respecto a su futuro. Pero una cosa tiene muy clara: su vida plena la había estado distrayendo de sus propósitos primarios y de su llamado divino. Una vez recortado el exceso, pudo ver las necesidades personales y físicas que estaba desatendiendo. El proceso de reducción ha sido doloroso, pero ahora está más alerta y presente para participar en la obra de Dios en su vida.

> Piense otra vez en cualquier cosa que el Señor pueda estar arrancando de su vida. ¿En qué forma, si es el caso, estas cosas han apagado su sensibilidad espiritual, la han distraído de los propósitos de Dios o han aumentado sus tendencias y deseos carnales?

> Con toda honestidad, ¿prefiere retener aquello que Dios le está pidiendo que libere o más bien prefiere adquirir la agudeza y la claridad que el hecho de dejarlo ir le proporcionará? Explique su respuesta.

Estén ceñidos vuestros lomos, y vuestras lámparas encendidas. Lucas 12.35

Puede que no esté muy feliz con los 300 con que se ha quedado. Créame, lo puedo entender perfectamente. Pero según 2 Corintios 12.9: "Mi poder se perfecciona en la debilidad". Los 300 es nuestra arma secreta. Es una vitrina de la fortaleza de Dios. No es "más", pero es mejor porque es lo que Dios usará para traer la victoria a nuestras vidas.

SOLTAR

Vivo en Texas, donde alabamos las cosas por su tamaño. Todo lo celebramos con entusiasmo, desde las chuletas hasta el cabello largo y arreglado. Así que la filosofía de "menos es más" del reino de Dios ha sido una filosofía que me ha costado trabajo enraizar en mi psiquis nacida y criada en Dallas.

> **¿En qué formas ve la mentalidad de "más grande es mejor" en sus esferas de influencia? ¿Cómo le ha afectado a usted esa presión? ¿Y a su familia?**

SOLTAR

> Entonces Jehová dijo a Gedeón: Con estos trescientos hombres que lamieron el agua os salvaré, y entregaré a los madianitas en tus manos; y váyase toda la demás gente cada uno a su lugar.
> Jueces 7.7

Los 300 hombres de Gedeón estaban tan severamente aventajados que la victoria sobre Madián no solo parecía imposible sino inimaginable. Imagínese cuán sorprendido tiene que haberse quedado al escuchar la enfática declaración de victoria de Jehová, la cual pronunció sobre su pequeño grupo: "Te daré la victoria con los 300".

Esta pequeña declaración entretejida en el Antiguo Testamento se ha convertido para mí en lo personal en una poderosa declaración de esperanza y victoria porque encierra una perspectiva fundamental para Gedeón y para nosotros: los otros 31,700 hubieran impedido la victoria que se le había asignado a los 300. Tener más hubiera sido, de hecho, perjudicial para Gedeón.

Mi amiga Chelsea sabe bien esto. A menudo me dice que, aunque ha sido bendecida con muchas amistades valiosas en esta etapa de su vida, no siempre ha sido así. De hecho, yo fui su primera verdadera amiga cercana. Y no nos conocimos hasta que ella tenía casi cuarenta años.

> Más grande no siempre significa mejor.

Chelsea fue una niña tímida que erigió muchas paredes emocionales para proteger su frágil corazón de la personalidad crítica y volátil de su padre. Desde la niñez aprendió a caminar en terrenos frágiles, a disfrazar sus verdaderos sentimientos y a enmascarar su verdadera personalidad con el fin de mantener la paz y la estabilidad. Sus mecanismos internos de defensa se convirtieron en su cobija de seguridad. Pero, aunque le han ofrecido la comodidad de la familiaridad y una percibida seguridad emocional, también le ha costado formar relaciones plenas con aquellos que más ama.

A medida que el Señor le ha mostrado a Chelsea el poco favor que estas defensas emocionales le hacen, Dios ha comenzado a cortarlas con ternura pero con firmeza y a exponer los lugares tiernos que ha mantenido escondidos durante mucho tiempo. El suyo ha sido un viaje difícil y aterrador, permitir que las personas entren, decir lo que realmente ella siente, ser ella misma, pero ahora reconoce que sus 32,000 no la estaban ayudando mucho. Su victoria ha sido el resultado de vivir con menos. Con sus 300.

Si tuviera que señalar un aspecto de su vida donde puede decir que están "los 300", un aspecto en el que se siente disminuida/o deficiente, ¿en qué categoría(s) estaría?

☐ tiempo
☐ finanzas
☐ energía
☐ pasión
☐ relaciones

☐ estabilidad
emocional
☐ talentos/dones
☐ oportunidad
☐ otra

Agarre la Biblia y vaya a Jueces 7.9-11. ¿Cuánta confianza tuvo Gedeón en el anuncio de victoria de Dios? ¿Qué lo lleva a esa conclusión?

¿Cuáles de los siguientes adjetivos describen mejor sus inseguridades cuando considera los escasos 300 que Dios le ha dado para llevar a cabo su viaje? ¿Cómo se siente?

☐ temeroso
☐ conforme
☐ confiado
☐ otro

☐ dudoso
☐ despojado, solo
☐ ansioso

¿Cuál es la causa específica que lo hace sentir de esa manera?

¿Puede descubrir algunas formas en las que sus sentimientos coincidan o entren en conflicto con la verdad de Dios?

GEDEÓN

A medida que sus tropas menguaban, Gedeón tuvo que haberse sentido exactamente como Chelsea: expuesto, vulnerable y susceptible ante el peligro. Pero, a pesar de que Gedeón se sintió inseguro, solo necesitaba recordar la declaración divina de triunfo que Dios acababa de darle. Obtendrían la victoria porque Dios lo había dicho.

> En respuesta a la declaración de victoria de Dios, ¿qué le pide Dios a Gedeón que haga en Jueces 7.7?

> ¿Por qué cree que Gedeón necesitaba que se le dijera esto? ¿Cuál podría haber sido su inclinación si no se le hubiera dicho esto?

> ¿Cuál es su respuesta acostumbrada cuando tiene que soltar?

Soltar es algo difícil. Si Gedeón hubiera comenzado con 300 soldados, posiblemente habría aceptado mejor la idea de ir a la batalla con ese número. Pero el llamado inicial de su trompeta reunió a 32,000. Vio llenarse las colinas con miles de sus compatriotas dispuestos a luchar. Sin embargo, ahora el panorama era muy diferente. El contraste tiene que haber sido asombroso y humillante, contraste que pudo haberlo asustado y llevado a retener aquello que Dios le estaba pidiendo que soltara.

Afortunadamente, Gedeón los dejo ir. ¿Lo hará usted?

> ¿En qué forma alguno de los pensamientos que se expresan en el párrafo anterior se relacionan con su experiencia y dificultad para dejar ir?

SE VA. SE VA. SE FUE.

Oh, cuánto desearía estar con usted ahora mismo, sentada en su grupo de estudio bíblico, uniéndome a una rica y profunda conversación sobre la lección de hoy. Si estuviera allí, le diría que mis 300 involucran mi limitación de tiempo. Veinticuatro horas nunca es suficiente para mí. Pareciera que mientras más tiempo necesito, menos tengo.

Antes de tener hijos me parecía que tenía todas las horas del mundo para estudiar, escribir y planificar el ministerio. Ahora, a medida que mis hijos crecen, mis horas parecen estar exprimidas. Estoy haciendo lo que amo, pasar tiempo con ellos, pero solo me queda un poco de tiempo para dedicarlo al ministerio. La historia de Gedeón me está enseñando que el secreto para experimentar la victoria no es tratar de agarrarme con frenesí a mis preciosas horas, sino en rendirlas a sus propósitos. Si decido actuar con una confianza obediente, Él multiplicará mis esfuerzos, no importa lo que esté haciendo.

Me he dado cuenta que al disminuir la cantidad de horas que tengo para concentrarme solo en las tareas del ministerio, he podido eliminar un poco los sentimientos de temor y preocupación. Tener más tiempo para pensar en un proyecto que se avecina o en una conferencia próxima de alguna manera hace que me intimide más. Hacer más con menos me ha ayudado a usar mi tiempo con más sabiduría y a confiar más en Dios para multiplicar mis esfuerzos dentro del tiempo que tengo. Este nuevo paradigma me ha capacitado para vivir el momento con más plenitud, apreciar lo que Dios ha colocado delante de mí y encontrar mi confianza no en lo que yo he hecho sino en lo que Él ha hecho y está haciendo.

El secreto no está en retener sino en liberar.

No trate de retener lo que Dios le está pidiendo que libere.

Considere en oración sus circunstancias personales a la luz de las porciones de las Escrituras que se destacan abajo. En el margen, escriba observaciones y aplicaciones personales que el Espíritu Santo use para hablarle.

Vino luego a él palabra de Jehová, diciendo: Levántate, vete a Sarepta de Sidón, y mora allí; he aquí yo he dado orden allí a una mujer viuda que te sustente. Entonces él se levantó y se fue a Sarepta. Y cuando llegó a la puerta de la ciudad, he aquí una mujer viuda que estaba allí recogiendo leña; y él la llamó, y le dijo: Te ruego que me traigas un poco de agua en un vaso, para que beba. Y yendo ella para traérsela, él la volvió a llamar, y le dijo: Te ruego que me traigas también un bocado de pan en tu mano. Y ella respondió: Vive Jehová tu Dios, que no tengo pan cocido; solamente un puñado de harina tengo en la tinaja, y un poco de aceite en una vasija; y ahora recogía dos leños, para entrar y prepararlo para mí y para mi hijo, para que lo comamos, y nos dejemos morir. Elías le dijo: No tengas temor;

ve, haz como has dicho; pero hazme a mí primero de ello una pequeña torta cocida debajo de la ceniza, y tráemela; y después harás para ti y para tu hijo. Porque Jehová Dios de Israel ha dicho así: La harina de la tinaja no escaseará, ni el aceite de la vasija disminuirá, hasta el día en que Jehová haga llover sobre la faz de la tierra. Entonces ella fue e hizo como le dijo Elías; y comió él, y ella, y su casa, muchos días. Y la harina de la tinaja no escaseó, ni el aceite de la vasija menguó, conforme a la palabra que Jehová había dicho por Elías (1 Reyes 17.8-16).

Esta mujer descubrió su seguridad futura al soltar aquello que tenía a su disposición, aunque hacerlo no parecía razonable ni lógico. Si hubiera retenido el aceite en un esfuerzo por cuidar de sí misma, su porción se habría agotado después de la siguiente comida. En otras palabras, se habría acabado de todas formas. Pero experimentó un milagro de multiplicación al liberar lo que el Señor le había pedido que liberara (en el momento en que se lo pidió).

¿Qué le está pidiendo el Señor que libere: tiempo, dinero, seguridad, estabilidad, relaciones? Tal vez sea difícil soltarlo porque ha llenado tanto su vida y le ha traído tanta comodidad. Es comprensible.

Pero respire profundo y luego suéltelo de todas formas. Se lo aseguro, en todos los casos estará mejor con los 300 de Dios que con sus 32,000.

DÍA 5

LA PROVISIÓN INVISIBLE

Dos centavos. Eso era todo lo que mi hijo tenía cuando sacó sus regordetas y pequeñas manos de los bolsillos del pantalón. Estaba desanimado. El juguete que quería en la tienda de Todo por un Dólar requería mucho más que eso. Necesitaba noventa y ocho centavos más, más el impuesto, para poder llevar su nuevo premio a la casa.

Pude ver la decepción en su rostro y me partió el corazón, no porque no tuviera suficiente, sino porque sí lo tenía y simplemente no lo sabía.

Esta semana hemos visto cómo se desvanecieron las remotas esperanzas de victoria de Gedeón desde un ya escaso número de 32,000 soldados hasta convertirse en un bando mucho más débil y reducido de 300. ¿Por qué Gedeón solo necesitaba este puñado de hombres para obtener la victoria en la batalla? ¿Por qué los discípulos de Jesús solo necesitaban dos panes y cinco peces para alimentar a 15,000 personas? ¿Por qué David solo necesitaba cinco piedras pequeñas del lecho de un río para matar a un gigante de tres metros?

Encontré la respuesta allí, parada en el pasillo B de la tienda de Todo por un Dólar, mirando a mi pequeño hijo con aquellos dos centavitos en la mano.

CUANDO DIOS SE VISTE

Hermana/o, usted tiene suficiente. Escúcheme alto y claro: USTED TIENE SUFICIENTE. Como tenía mi hijo mientras estaba allí parado con una postura de desesperación. Jude tenía suficiente para sus necesidades actuales, no debido a lo que tenía a su disposición, sino por lo que yo tenía. No, en su bolsillo no tenía prácticamente nada de dinero para comprar el juguete. Pero yo sí. Y debido a que soy su madre, no solo podía disponer de mis recursos, sino que yo estaba lista y esperando para compartirlos con él. El hecho que no se vieran no quería decir que no estuvieran allí. Él tenía acceso absoluto a mis recursos debido a nuestra relación.

> Sus recursos están en su relación (con Dios).

Lea Jueces 6.14 y 34a. Escriba cualquier relación que pueda encontrar entre los dos pasajes.

GEDEÓN

La frase "El Espíritu del SEÑOR vino sobre mí" aparece seis veces en referencia a los jueces (3.10; 6.34; 11.29; 14.6; 14.19; 15.14). En la mayoría de las ocasiones la frase significa "algo que cae sobre uno poderosamente". En el caso de Gedeón significa "encarnar".

En Jueces 6.14, tal parece que a Gedeón se le ordena liberar al pueblo, basándose en su propia fuerza y habilidad. Pero ya hemos visto que Gedeón no era ni fuerte ni confiado. Estaba sumergido en el temor y la inseguridad. No obstante, un robusto puente teológico conecta los versículos 14 y 34.

Hasta el último de estos dos versículos, Gedeón era solo un agricultor débil sin aspiraciones de guerrero, pero en el versículo 34 la Biblia describe el momento con la palabra vestido. La palabra hebrea vestir (labash) normalmente "se refería al acto diario de ponerse una ropa" y se usaba raramente en el contexto del Espíritu de Dios, como es el caso de este pasaje.[2]

Observe el cuadro: Dios puso su Espíritu sobre Gedeón como si fuera una ropa. Su carne fue el ropaje que Dios se puso para llevar a cabo sus propósitos. Ahora Gedeón era un instrumento de obediencia, una vasija para el poder de Dios. Sus acciones se habían convertido en una expresión del liderazgo de Dios. ¡Eso sí que es poder!

Cuando la gente miraba a Gedeón, puede que todavía vieran a su mismo coterráneo de siempre, pero estaba muy lejos de serlo. La debilidad anterior de Gedeón literalmente se había cambiado por la fortaleza de Dios. Estaba lleno del poder y la misma presencia de Dios. Ahora estaba listo para ser una herramienta que operara de acuerdo a la voluntad de Jehová.

Téngame paciencia por un momento, ¿está bien? Desearía que hubiera una forma más digna de ilustrarle este concepto, pero este simple ejercicio, aunque un poco trivial, le dará una visión clara de cómo opera el Espíritu de Dios en usted. ¿Listo?

> Observe la ropa que lleva puesta. Siga las instrucciones y luego responda la pregunta.
>
> Mueva un brazo. ¿Qué hace su manga? ¿Por qué?
>
> Mueva una pierna. ¿Qué hace su pantalón? ¿Por qué?
>
> Tenga en cuenta este simple ejercicio para describir la relación del creyente con el Espíritu de Dios.

El precario ejército de Gedeón podía haber parecido insuficiente. Incluso mísero. Pero los 300 no era todo lo que tenía a su disposición. La autoridad del mismo Espíritu de Dios, que no se veía, ahora estaba dentro de Gedeón, llenándolo con el recurso más pleno de todos: el poder divino. Gedeón podía tener una confianza absoluta, no importa cuán minúsculo fuera su ejército, porque ahora era solo una vasija, una cámara donde habitaba Dios. Él era simplemente la ropa que Dios estaba usando para aquella ocasión especial. Conocer este hecho lo cambió todo para Gedeón y también lo cambia todo para nosotros hoy.

> El equivalente griego de la palabra hebrea labash (vestir) es *endynamoõ* y aparece muchas veces en el Nuevo Testamento. Escoja dos de las siguientes referencias y trate de determinar la palabra o frase que crea que coincide con la fortaleza del Espíritu de Dios que envistió a Gedeón.

> Romanos 4.20

> Filipenses 4.13

> 1 Timoteo 1.12

> 2 Timoteo 2.1

> 2 Timoteo 4.17

> Hebreos 11.34

Para comentar en grupo: ¿Qué conclusiones saca de las semejanzas y diferencias entre Efesios 6.10-17 y la situación de Gedeón?

Efesios 6.10-17 ofrece instrucciones acerca de cómo el creyente debe prepararse para la batalla espiritual. La palabra griega que hemos estado estudiando (endynamoõ) se encuentra en el versículo 10. Esto nos dice que la preparación para pelear contra nuestro enemigo no es muy diferente a la forma en que Gedeón se estaba preparando para luchar contra el suyo.

PODER EXTRA

En el primer día de nuestro estudio esta semana, recordamos la familiar historia de Lucas 9 acerca de la alimentación de los 5,000. Una parte de esa historia que se menciona con menos frecuencia tiene un notable significado cuando consideramos nuestra propia provisión que no se ve.

> Lea Lucas 9.1-2 en el margen. Escriba tantos detalles como pueda acerca de lo que sucedió con los discípulos antes que Jesús los enviara fuera.

Habiendo reunido a sus doce discípulos, les dio poder y autoridad sobre todos los demonios, y para sanar enfermedades. Y los envió a predicar el reino de Dios, y a sanar a los enfermos.
Lucas 9.1-2

GEDEÓN

Cuando la multitud y sus necesidades se volvieron abrumadoras, los panes y los peces era todo lo que los discípulos podían ver, pero ciertamente no era todo lo que tenían. Al igual que Gedeón siglos antes, ellos tenían la seguridad de que Dios los había llamado y les había dado poder y autoridad. Tenían una reserva de poder espiritual para llevar a cabo tareas divinas, así como la autoridad para aprovechar ese poder cada vez que se presentara la necesidad.

La combinación de estos dos dones espirituales, el poder y la autoridad, es increíblemente importante. Si usted tiene poder, pero no tiene la autoridad para usarlo, el poder se desperdicia. Es como tener un millón de dólares en el banco, pero sin tener la aprobación para retirarlos. Una fortuna inútil. Jesús les dio a los discípulos (y a nosotros) la autoridad para usar el poder que tenemos dentro.

Poder—*dynamis,* —capacidad, habilidad, potencial.

Use la información de los dos párrafos anteriores y las dos definiciones que aparecen en el margen para describir en una oración la relación entre el poder espiritual y la autoridad.

Autoridad—*exousía,* —libertad de elección.

Buscar y caminar en el poder que Dios le ha dado es un requisito diario de una vida cristiana victoriosa. Si no lo hace, será como Jude en la tienda de Todo por un dólar, agarrando desesperadamente sus dos centavos. Para obtener lo que le faltaba, solo necesitaba pedirme ayuda o al menos dejar que yo me hiciera cargo de la factura. Luego tenía que estar dispuesto a recibir el regalo que tanto yo quería darle.

Acceder al poder dentro de usted es tan simple como pedirle a Dios en oración que lo desate en su experiencia, día tras día, momento tras momento, y luego estar dispuesta a "andar en el Espíritu" (Gálatas 5.16). Dios libera su poder sobre usted a través de los momentos del día. Mientras usted sea obediente y dependa de Él, experimentará los efectos de una vida llena de poder.

En Lucas 9 compare el versículo 6 con el versículo 12. En el último versículo, ¿qué puede haber causado que los discípulos olvidaran los dones que habían recibido?

Personalice su respuesta. Si tuviera que precisar lo que más le distrae y le impide el poder recordar y usar aquella provisión que no ve, ¿qué escogería?

Es posible que los discípulos se hubieran sentido confiados delante de la multitud hambrienta de haber recordado la provisión que se les había dado. En lugar de tratar de enviar a las personas a sus casas o de intentar irse ellos mismos, se habrían plantado allí mismo —con los peces y los panes en sus manos, el poder y la autoridad en sus corazones y un aire de confianza en sus rostros— a medida que anticipaban lo que Dios haría en su favor.

Al finalizar nuestra tercera semana juntos, le estoy pidiendo que haga lo que los discípulos en lugar de distraerse con lo que tiene a su alrededor, recuerde la provisión que no se ve, pero que está dentro de usted. Hay una fuente de poder en su alma a la que usted tiene la autoridad de acceder por medio de Jesucristo, en cualquier momento o lugar. Sus recursos están en su relación con Jesucristo. Acuda a la fuente de poder y prepárese para quedar sorprendido por la habilidad de Dios para operar en su vida.

SEMANA 4

EL DIOS DE LA PACIENCIA

La historia de Gedeón resalta muchos elementos del carácter de Dios. Ver a los madianitas desatar su poder sobre los israelitas es una muestra del juicio de Dios. Levantar a un libertador revela la misericordia de Dios. La victoria de los 300 hombres de Gedeón contra el enemigo es una muestra del poder de Dios. Pero esta historia revela otro atributo divino que merece nuestra eterna gratitud: la naturaleza paciente de Dios. "Por tanto, Jehová esperará para tener piedad de vosotros, y por tanto, será exaltado teniendo de vosotros misericordia; porque Jehová es Dios justo; bienaventurados todos los que confían en él" (Isaías 30.18).

Si hay algo que puedo decir acerca de mi relación con Dios es que me ha sobrellevado con paciencia, tolerando sistemáticamente mis cambios de humor espiritual. No se ha desesperado cuando me he tomado más tiempo del que debía para obedecerlo, creer en Él o confiar en su guía. En lugar de una justicia rápida, ha extendido su misericordia, ofreciéndome una oportunidad tras otra. Nadie más en el mundo entero ha tratado conmigo con tanta amabilidad. Con tanta paciencia.

> **Hasta ahora, ¿qué circunstancias puede recordar de la historia de Gedeón que revelen la paciencia de Dios?**

La paciencia tiene su expresión en la tolerancia, el favor, el ofrecimiento de oportunidades durante largos períodos. Por eso la paciencia de Dios se describe comúnmente en la Torá como "longanimidad" (paciencia) y casi siempre se compara con los atributos de la gracia y la misericordia (Éxodo 34.6; Números 14.18; Salmos 86.15).

> **Mientras ha estado en este estudio, ¿cómo ha mostrado Dios su "longanimidad" (paciencia) por usted?**

Gracia = recibir lo que uno no merece.
Misericordia = no recibir lo uno que merece.

SEÑOR, SOY YO OTRA VEZ

Cuando vimos a Gedeón por última vez, la batalla era inminente. Había llegado a la cantidad de 300 soldados que Dios deseaba y se estaba preparando para de alguna manera reunir sus escasas fuerzas contra los miles de madianitas.

Tomemos un receso de nuestro programa regular para resaltar los momentos en que el inseguro y vacilante Gedeón recibió confirmaciones de Dios. En los tres encuentros veremos un destello de luz brillante sobre "el Dios de la paciencia y de la consolación" (Romanos 15.5). Qué gran tranquilidad para todos nosotros (¿me ve levantando la mano?) es que no somos siempre rápidos con nuestros pies espirituales.

Cada uno de estos pasajes marca el comienzo de un diálogo entre Dios y Gedeón. Subraye todas las frases que a usted le impresionen. En el margen, escriba lo que ellas le dicen acerca de Gedeón o acerca de Dios.

Y él [Gedeón] respondió: Yo te ruego que si he hallado gracia delante de ti, me des señal de que tú has hablado conmigo (Jueces 6.17).

Y Gedeón dijo a Dios: Si has de salvar a Israel por mi mano, como has dicho, he aquí que yo pondré un vellón de lana en la era; y si el rocío estuviere en el vellón solamente, quedando seca toda la otra tierra, entonces entenderé que salvarás a Israel por mi mano, como lo has dicho. (Jueces 6.36-37).

Aconteció que aquella noche Jehová le dijo: Levántate, y desciende al campamento; porque yo lo he entregado en tus manos. Y si tienes temor de descender, baja tú con Fura tu criado al campamento, y oirás lo que hablan; y entonces tus manos se esforzarán, y descenderás al campamento. Y él descendió con Fura su criado hasta los puestos avanzados de la gente armada que estaba en el campamento. (Jueces 7.9-11)

¿Cuáles son algunas de las semejanzas entre estos pasajes?

¿Cuál es la diferencia fundamental que se identifica entre los dos primeros pasajes y el último?

Dentro del espacio de dos capítulos de la Biblia, en tres ocasiones Gedeón necesita confirmación para la misión que Dios le encomendó. Su inseguridad es tan evidente que Dios inicia el tercer encuentro.

Aunque estos ejemplos señalan claramente aspectos de la abrumadora debilidad en Gedeón, también ponen de relieve algo más: Dios las conocía y estaba dispuesto a lidiar con estas y tenía la habilidad de usar a Gedeón a pesar de ellas. Dios no regaña ni amonesta a Gedeón por su falta de confianza ni ignora las peticiones de confirmación de Gedeón. Dios da pasos certeros para lidiar con la incertidumbre de Gedeón.

Si está en un momento en el que se siente inseguro o con dudas de Dios, de su Palabra o de Su llamado, ¿cómo siente que Dios está respondiendo?

☐ Está enojado conmigo por demorarme tanto para tener la certeza de lo que Él quiere que yo haga.

☐ Me ama, pero no está interesado en los pequeños detalles de mi vida.

☐ Todavía me ama, pero se siente frustrado e impaciente conmigo.

☐ Me conoce, comprende mis debilidades y es paciente con respecto a mis incertidumbres.

Usted ha escogido una de las opciones de arriba como la forma en que cree que Dios responde a su inseguridad. Si piensa detenidamente en su elección, puede que se dé cuenta de lo que usted respondería si fuera Dios. A menudo pensamos que Dios trata con nosotros de la misma forma en que nosotros tratamos con los demás. De modo que si tendemos a sentirnos frustrados con una amiga o con nuestro cónyuge por sus constantes inseguridades o aprehensiones, pensaremos que Dios se sentirá de la misma manera con respecto a nosotros.

Mas Gedeón dijo a Dios: No se encienda tu ira contra mí, si aún hablare esta vez; solamente probaré ahora otra vez con el vellón. Te ruego que solamente el vellón quede seco, y el rocío sobre la tierra.
Jueces 6.39

GEDEÓN

Para comentar en grupo: Muchos cristianos ven a Dios muy exigente e impaciente con poca tolerancia a la inseguridad o a la debilidad humana. ¿Cómo cree usted que se forma este punto de vista? ¿Qué se puede hacer para combatirlo?

Según Jueces 6.39, ¿cuál de las opciones anteriores describe mejor cómo Gedeón pensaba que Dios se sentiría?

Dios inició la tercera conversación, ¿qué puede inferir acerca de cómo se sentía Dios?

¡Estoy muy agradecida por ver a Dios a la luz de la historia de Gedeón! No puedo contar las veces que me he sentido insegura. Recuerdo que me sentí insegura cuando los veinte dieron paso a los treinta. Yo oraba, como Gedeón, para que Dios me diera claridad en cuanto al ministerio al que me estaba llamando y la vida que Él me había dado como esposa y madre. Tenga en cuenta que esto fue mucho después de que Dios se tomara el trabajo de confirmar su obra en mi vida de muchas maneras. Sin embargo, yo me sentía incompetente, ineficiente y débil, y quería volver a recibir su confirmación. Conversé con Él día tras día y escuche esto: Él me oyó, apareció y me respondió otra vez de una manera tranquilizadora. Él trabajó con paciencia en mi debilidad.

La relación de Jehová con Gedeón no es una excepción, es un ejemplo que nos revela lo que debemos esperar de nuestra relación con Él.

La paciencia de Dios = restringe Su poder

EL PODER DE SER PACIENTE

Por lo general no vemos a las personas que tienen puestos de autoridad como personas pacientes. La gente poderosa puede ser muy poco tolerante con las debilidades de los demás. Así que el hecho de que el Santo Dios decida soportarnos con nuestras reservas, incluso nuestros pecados, es un concepto muy difícil de procesar. Pero, a diferencia del poder humano, el poder de Dios obra de común acuerdo con una paciencia extrema. En realidad, su poder le permite ejercer un dominio increíble. Así es como Él muestra su autoridad, no solo por lo que puede hacer sino por lo que decide no hacer. ¡Aleluya!

La frase "tardo para la ira" a menudo está unida a "grande en misericordia" (Éxodo 34.6) a lo largo del Antiguo Testamento. Esta misericordia es el amor chesed de Dios: las misericordias de Dios que involucran la gracia, el favor y la misericordia de Dios para con los hombres.

La exuberancia de la paciencia de Dios es igual a la abundancia de su poder. Este es el sistema de apoyo del primero. Así que si alguna vez tiene dudas de la paciencia de Dios con usted o anda en busca de que pase "lo inevitable", tendrá un largo tiempo de espera. Su misericordia es eterna.

Esto significa que sus acciones u omisiones no pueden provocar impaciencia en Dios. Disciplina, tal vez. Corrección, a lo mejor. Acción paternal, tal vez. Pero no impaciencia. No podemos debilitar su longanimidad divina ya que depende de su poder, que es inagotable y abundante. Cuando

Dios decide dar rienda suelta a su ira y/o juicio, que se basa en su propia voluntad divina, no es una reacción instintiva nacida de la frustración.

> ¿Cómo describiría la relación entre el poder de Dios y su paciencia?

> Escoja uno de los tres casos que aparecen al margen para estudiar. Responda las siguientes preguntas acerca del pasaje.

> ¿Qué frase denota la paciencia de Dios?

> ¿Cómo se tradujo esta paciencia en gracia y/o misericordia en la experiencia del participante?

> ¿Cómo puede ver usted que Dios claramente se limita en esta historia?

> ¿Qué aplicación personal puede sacar de la historia?

Tres casos
1. Nínive en Jonás 3.4-10
2. Noé en Génesis 6.5-8 y 1 Pedro 3.20
3. Los israelitas en Números 14.11-13, 20, 25-31

¿Y USTED?

A medida que nos volvemos más conscientes de cuán inmerecida es la paciencia de Dios, el resultado natural debe ser un deseo profundo de obedecerle y confiar en Él. Nunca debemos ver su paciencia como una excusa para dejar de esforzarnos espiritualmente, pensando que a Él le parecerá bien cualquier esfuerzo y fe que queramos ejercer. Nuestra respuesta debe ser llevar vidas agradecidas y expectantes. Y no solo eso, el regalo de paciencia que Él nos hace nos debe obligar a querer darlo a los demás. Él mismo nos dará poder mediante su Espíritu para hacerlo (Colosenses 1.11).

Mas el fruto del Espíritu es... paciencia. Gálatas 5.22

La bondad de Dios nos permite ser nosotros mismos y sentirnos aceptados. Dar este mismo don a otros tendrá un impacto en nuestras relaciones. Pídale al Señor que le ayude a relacionarse con Él como el padre paciente y amoroso que es y que le dé poder para también ser paciente con los demás.

LAS OFRENDAS DE GEDEÓN

Una de mis mayores alegrías en el ministerio es la comunicación con aquellos que el Señor pone en mi camino del ministerio. Los correos electrónicos, comentarios en blogs y mensajes de Twitter me permiten saber de personas que quizá nunca conozca cara a cara. E inevitablemente, una de las preguntas más frecuentes que me hacen es: "Si me sintiera llamada/o al ministerio, ¿cómo empiezo a ejercerlo?" Aunque mis respuestas varían de acuerdo a las circunstancias, mi respuesta suele ser una variante de esta idea: "Entréguele al Señor los deseos y dones que Él le ha dado y luego confíe en que Él los usará cuándo y cómo quiera".

Escriba las palabras de esta declaración con las que más se identifica. ¿Por qué?

¿Cuál es la parte más difícil para usted? Prepárese para comentar esto con su grupo.
☐ Ofrecer sus dones al Señor
☐ Ofrecer sus deseos al Señor
☐ Confiar en Él para saber cuándo se usarán sus dones
☐ Confiar en Él para saber cómo se usarán sus dones

Y él respondió: Yo te ruego que si he hallado gracia delante de ti, me des señal de que tú has hablado conmigo. Te ruego que no te vayas de aquí hasta que vuelva a ti, y saque mi ofrenda y la ponga delante de ti. Y él respondió: Yo esperaré hasta que vuelvas.
Jueces 6.17-18

No mucho después de su primera conversación con Dios, Gedeón entendió que este encuentro era algo más que un encuentro humano. Él percibió que su destino se agitaba en su corazón a pesar de que todo este encuentro todavía estaba cubierto de temor e incertidumbre. Gedeón necesitaba confirmación. Así que hizo un trato.

De acuerdo a Jueces 6.17-18, que aparece al margen, anote los detalles del pedido de Gedeón.

¿Cuál fue la respuesta que le dio el ángel?

Es sorprendente que *Malak Yahweh* el ángel del Señor, no se molestara con lo que Gedeón le propuso. Accedió a esperar. Sí, me escuchó bien. Dios estuvo de acuerdo con esperar por un hombre. Él quería recibir las ofrendas que Gedeón prepararía. Le importaban las ofrendas de Gedeón, igual que le importan los dones de usted.

Las ofrendas de Gedeón eran bienes físicos, tangibles: pan y caldo. Las nuestras también pueden ser tangibles, como dinero o tiempo. Pero a menudo nuestros dones son los talentos y pasiones intangibles que Él nos ha dado para servirle. ¿Alguna vez usted ha sentido que los dones que tiene o los puestos a los que ha sido llamado son pobres en comparación con otros? Yo sí. De hecho, mi deseo de estudiar la historia de Gedeón nació por mis inseguridades y debilidades. A menudo he caído en la trampa de la comparación, que a veces me deja con una sensación asfixiante de temor, incompetencia y falta de confianza.

Tal vez usted también conozca este sentimiento. Es comprensible. Glorificamos los dones que tiene un micrófono, mientras minimizamos los que se realizan a puerta cerrada y sostienen un recogedor. Sin embargo, algunos de los cristianos más eficientes y fieles que conozco son los que están ejerciendo su tranquilo llamado entre las pocas personas que hay en su casa, su iglesia naciente o las personas sin hogar bajo un puente en la ciudad. Eso no tiene nada de pobre o insignificante.

> **¿Qué cree que Dios le está pidiendo que haga mientras avanza en este estudio? ¿Qué dones le ha dado para esa tarea?**

ENTREGAR A DIOS NUESTROS DONES

Abra su Biblia en Jueces 6.19-20 y observe la sucesión de los hechos. ¿Se percató de los cuatro pasos importantes para dar nuestros dones a Dios? Gedeón preparó la ofrenda para el visitante, entonces se la presentó. Después de eso, el ángel le pidió que las pusiera sobre la roca y que vertiera el caldo.

> **Enumere los tres elementos de la comida de Gedeón (versículo 19).**

Esta comida no tuvo nada de rápida. No había tiendas cercanas donde Gedeón pudiera comprar su comida. La comida de Gedeón era casera en el más puro sentido de la palabra. Él mismo mató al cabrito, amasó la harina sin levadura para el pan y preparó el caldo, todo desde cero. Fue una comida que implicó un gran sacrificio dado el estado actual de privación en Israel. Requirió tiempo, esfuerzo y energía. Fue un sacrificio.

Muchos cristianos no quieren empezar aquí. Se resisten a hacer el trabajo duro que implica el proceso de preparación. Pero usted no puede esperar que Dios use aquello que usted no se ha tomado el tiempo de preparar. Dedicar tiempo para perfeccionar su don le ayudará a estar listo cuando se le presente la oportunidad.

Para leer más sobre las ofrendas de Gedeón, vea Profundice más IV en la página 96.

Ahora bien, hay diversidad de dones, pero el Espíritu es el mismo.
1 Corintios 12.4

Cuatro pasos para entregar nuestros dones a Dios:
1. Prepararlo.
2. Presentarlo.
3. Entregarlo.
4. Verterlo.

¿Qué cosas prácticas podría hacer usted para preparar los dones que el Señor le ha dado?

Cuando llegara el momento, Gedeón tenía que estar dispuesto a sacar la comida y entregársela al ángel. Los dones preparados no cumplen su propósito si se mantienen ocultos. Para usarlos es necesario sacarlos y presentarlos.

Conozco a muchas personas que han hecho el trabajo diligente de preparar sus dones, pero están muy empapadas en la duda o el temor para presentarlos a Dios. Así que se quedan con buenos dones que no se están utilizando para el propósito de Dios.

Los regalos no funcionan a menos que sean regalos presentados.

¿Qué parte de este proceso es más difícil para usted?
☐ Tener la paciencia para preparar su don con fidelidad
☐ Tener el valor de presentarle su don a Dios

Explique su respuesta.

ENTREGARLO Y VERTERLO

Cuando le doy un regalo a una amiga/o, tengo una idea clara de cómo espero que se utilizará. Me imagino a la gente disfrutando del nuevo aparato para la cocina o usando una blusa bonita que encontré en la tienda local. Yo, por lo menos, estoy segura de no querer que la persona lo vuelva a regalar. Creo que es probable que Gedeón tuviera cierta expectativa después de pasar el trabajo de preparar una buena comida para su visitante celestial. Pero el ángel no se lamió los labios ni se lanzó a la comida como Gedeón hubiera sospechado. En cambio, optó hacer algo diferente, aunque muy extraño, aceptar la ofrenda. Él le dijo a Gedeón: "Toma la carne y los panes sin levadura, y ponlos sobre esta peña, y vierte el caldo" (Jueces 6.20).

Eh.... Disculpe, señor. Trabajé durante horas como un esclavo para hacer esta exquisita comida. ¿Y ahora usted quiere que yo haga QUÉ cosa?

Sí, el ángel le dijo a Gedeón que entregara aquello que con tanto esfuerzo había preparado. Que lo pusiera en el piso. Que lo vertiera. Dos acciones que nunca encabezarían la lista de ningún cocinero cuando le sirve una comida a un nuevo amigo.

Después de tantas horas de preparación, ¿cuál sería su respuesta ante esta manera de tratar su regalo?
☐ Ignorar la orden.
☐ Obedecer de mala gana.

☐ Llevarlo a alguien que lo apreciara más.
☐ Obedecer de inmediato y con mucho gusto.
¿Cuál fue la respuesta de Gedeón (versículo 20)?

Entregar los dones al Señor para que Él haga lo que quiera, es una difícil lección de humildad, sobre todo porque a menudo tenemos deseos de lo que esperamos que Él haga una vez que los presentemos.

Cuando presentamos nuestros dones a Dios y sabemos que lo que Él quiere que hagamos es entregarlos, podemos sentirnos frustrados. Eso es porque, sin saberlo, le hemos exigido a Dios que use nuestro don de una manera determinada. "Dios, voy a hacer ESTO si me prometes que harás AQUELLO". Cuando descubrimos que Él nunca estuvo de acuerdo con esa negociación, podemos sentirnos desechados.

De la historia de Gedeón aprendemos una lección importante: el mejor uso de nuestros dones rara vez es lo que imaginamos. Si los entregamos, nos sorprenderá la manera original en que Dios los usará.

¿Alguna vez se ha sentido desilusionada/o por la manera en que Dios le pidió que usara sus dones? ¿Alguna vez ha visto a Dios usar su vida de una manera diferente a como usted esperaba?

Cuando Gedeón obedeció el mandato de Dios, su regalo recibió una demostración divina sorprendente. Una piedra se convirtió en un altar. "Y extendiendo el ángel de Jehová el báculo que tenía en su mano, tocó con la punta la carne y los panes sin levadura; y subió fuego de la peña, el cual consumió la carne y los panes sin levadura" (v. 21).

Y así la ofrenda de Gedeón se convirtió en un sacrificio, un aroma de adoración dulce para Dios. Si la ofrenda de Gedeón hubiera salido como él esperaba, tal vez hubiera tenido buen sabor, pero no hubiera sido un sacrificio para Dios.

A medida que recorremos juntos la historia de Gedeón, no tengo ninguna duda de que el Espíritu de Dios nos va a mostrar el poder de los cuatro pasos para entregar los dones de manera divina. Quiero animarle, hermana/o-amiga/o, a confiar en Él con sus dones. Nada es ordinario ni pobre en lo que usted tiene para dar, siempre y cuando usted...

Lo prepare.
Lo presente.
Lo entregue.
Lo vierta.

LAS OFRENDAS DE GEDEÓN

La idea de los fantasmas y las apariciones no era poco común en la cultura judía en la época de Gedeón. Por lo tanto, era comprensible la necesidad de confirmación en Jueces 6.17 de que era Malak Yahweh y no algún otro espíritu. Sin embargo, varios detalles acerca de las ofrendas de Gedeón revelan que si bien todavía él podía haber tenido dudas, al menos sospechaba que era el ángel de Jehová.

En primer lugar, Gedeón usó la palabra hebrea minchah cuando se refiere a su regalo, un término más comúnmente usado en referencia a una ofrenda de sacrificio. Cuando se combina con el sacrificio animal, por lo general minchah se refiere a la ofrenda oficial de carne y líquidos.[1] Gedeón sabía que el sacrificio era la manera en que Dios se encontraba con la humanidad. Por lo tanto, es probable que los elementos que él escogiera fueran más allá de la simple hospitalidad y tuvieran una connotación sagrada.

En segundo lugar, los elementos que Gedeón ofreció estaban estrechamente relacionados con el sistema de sacrificios que Moisés había establecido. Aunque Israel se había apartado de la obediencia y la coherencia de sus sacrificios, es muy probable que Gedeón estuviera familiarizado con ellos. Su cultura estaba llena de intentos para obtener una relación con Dios a través de los sacrificios. El sistema para la expiación de Israel implicaba 1,273 sacrificios públicos cada año.[2] Su elección de carnes y panes sin levadura fue probablemente deliberada. La correlación se vuelve aun más clara cuando él pone sus regalos sobre una roca, un acto conocido de sacrificio.

Cuando el ángel pidió que se derramara el caldo, estaba reclamando una de las características más notables de sacrificio en las Escrituras que mostró Jacob en Génesis 35.14. También señaló el nuevo pacto bajo Jesucristo. "El caldo o jugo denotan la sangre, la vida del animal, y esto debía fluir sobre el altar improvisado en el que se pusieron la carne y el pan. Un anuncio rudimentario pero expresivo de la Cena del Señor, el pan sin levadura de sinceridad y de verdad, la carne del Cordero que fue inmolado desde la fundación del mundo, que es verdadera comida, ¡y la sangre derramada sobre el mundo que es la bebida como tal!"[3]

Otra idea importante se encuentra en el orden del intercambio entre Gedeón y el ángel. Momentos después de que Gedeón sacrificara sus ofrendas en la roca, se estableció la paz. Gedeón edificó un altar llamado "El Señor es la paz" (Jue. 6.23-24). El establecimiento de la paz fue el paso final antes que a Gedeón se le permitiera avanzar en su misión divina.

En el antiguo sistema de sacrificios, la ofrenda de comida venía justo antes de la ofrenda de paz: la expiación final por el pecado que sellaba y celebraba la reconciliación con Dios. Todas las otras ofrendas culminaban en el sacrificio de paz, que simbolizaba la comunión y la paz con Dios. Las ofrendas de Gedeón simbolizaban el rumbo que su propia vida estaba tomando.

De alguien que dudaba, a alguien santo. De cobarde a valiente.

DÍA 3

EL VELLÓN DE LANA, EL ROCÍO Y LA ERA

El título de hoy se parece un poco a las Crónicas de Narnia, ¿verdad? Pero no es una novela de C.S. Lewis, solo un día en la vida de un tímido campesino que se convirtió en líder militar. Aunque usted no supiera mucho acerca de Gedeón, es probable que sí haya oído hablar de su vellón de lana. Es casi tan famoso como el gigante de David y el pez de Jonás. Sin embargo, el incidente con la lana le ha dado al viejo Gedeón un poco de mala reputación. Su atrevimiento de poner a Dios a prueba parece imprudente e incluso un arrogante en potencia.

¿Tuvo él razón o no al pedir este tipo de favor? Bueno, vamos a ver.

Pídale al Señor que le dé una nueva perspectiva y comprensión de Jueces 6.36-40. Tómese el tiempo para leerlo en su Biblia. No hay problema. Voy a esperar.

Recuerde que la paciencia divina es el fundamento de todos los intercambios de Gedeón con Dios. Aquí, en esta conversación, donde Dios no solo responde al primer pedido de Gedeón sino también al segundo, la paciencia de Dios es asombrosa. Existen dos factores que hacen que la disposición de Dios para responder sea increíble. En primer lugar, es evidente que Gedeón ya sabía que había sido llamado, quién le estaba llamando, y justo lo que estaba llamado a hacer.

Marque en el margen la porción de Jueces 6.36 que revela la certeza de Gedeón sobre lo que había sido llamado a hacer y quién lo estaba llamando.

Y Gedeón dijo a Dios: Si has de salvar a Israel por mi mano, como has dicho...
Jueces 6.36

Segundo, aunque el apoyo de los demás no siempre es un signo seguro del favor de Dios, Gedeón debe haber sentido la confirmación en la respuesta de Israel a su liderazgo. Con un penetrante soplido del cuerno que produjo un hombre sin prestigio entre su pueblo, más de 30 mil hebreos abandonaron sus hogares para seguir a Gedeón a la guerra. Jehová permitió la aprobación unida de la multitud. Esto debía haber mitigado la inseguridad de Gedeón. Sin embargo, a pesar de estos gestos sagrados, Gedeón necesitaba más. Así que, puso un vellón.

Póngase en el lugar de Gedeón. ¿Cómo cree usted que su inseguridad y timidez puedan haber causado que él minimizara la credibilidad e importancia de las dos garantías significativas que ya se le habían dado? Considere las siguientes preguntas a la luz de su propia relación con Dios.

> ¿Cómo trata usted normalmente la confirmación que Dios le da acerca de Su voluntad para la vida de usted?

> ¿Se satisface fácilmente cuando Él se extiende hacia usted o siempre necesita más?

> ¿Cuáles son las razones de su respuesta?

EL VELLÓN

Los eruditos dicen que es probable que el vellón fuera una tela que se usaba para protegerse del aire frío de la noche y el fuerte rocío que caía en Palestina. Cuando Gedeón durmió en ella, el rocío debió haberse acumulado y hubiera sido necesario exprimirlo en la mañana. Entonces, aunque más adelante el vellón adquirió implicaciones teológicas (que veremos mañana), es probable que la idea de Gedeón para esta transacción con Dios surgiera de esta experiencia nocturna que era común con el vellón.

> De acuerdo a Jueces 6.36-40, describa la diferencia entre la primera petición de Gedeón y la segunda.

Su fe puede ser más fuerte que un vellón de lana.

Gedeón comenzó pidiendo una señal, lo que rápidamente se convirtió en dos. ¿Acaso no pasa siempre así? Tenemos la intención de pedir a Dios una confirmación fácil y rápida para calmar nuestra inquietud. Pero de alguna manera seguimos queriendo y necesitando más. Así que surgen más peticiones. Y más. Y más.

El hecho es que necesitar una señal indica una fe débil en el creyente. La incapacidad de Gedeón de estar confiado no era la falta de comunicación por parte de Dios. El problema era de Gedeón. Su fe en ciernes necesitaba madurar.

Recuerde alguna ocasión en que Dios le confirmó su Palabra; no obstante, usted siguió buscando una confirmación subsecuente de Él. Anote sus ideas.

¿Qué principio espiritual puede extraer usted de las dos declaraciones de Jesús que aparecen al margen?

Un creyente que busca confirmación no es lo mismo que una "generación mala" que necesita que la convenzan del señorío de Cristo, pero el principio es el mismo. Nuestro Dios quiere que le crean por su Palabra (fe), y no que lo releguen a la realización de señales (vellones) para creer en Él.

CONFIRMAR O NO CONFIRMAR

Para ser justos, no estoy segura de que la solicitud del vellón de Gedeón fuera infundada o estuviera fuera de lugar. Piénselo, hasta ese momento la batalla solo había sido un pensamiento en su mente, ahora la tremenda tarea estaba a la mano. El enemigo hostil se había reunido (Jueces 6.33). La vida de las personas estaba en juego y la batalla era inminente. Sin ningún entrenamiento militar o experiencia de la cual hablar, Gedeón necesitaba una confirmación antes de lanzarse a la mayor tarea de su vida todavía joven.

Gedeón estaba mostrando una cierta sabiduría y madurez con su deseo de recibir confirmación antes de lanzarse al precipicio con los propósitos de Dios. Fue cauteloso y cuidadoso, no totalmente dudoso e incrédulo. Gedeón no estaba expresando incredulidad en Dios, lo que de seguro habría despertado la ira de Dios, sino más bien una fe imperfecta que necesitaba fortalecerse. Un erudito lo describe muy bien como "la duda honesta donde vive la fe".[4]

¿Cuáles son algunas de las diferencias entre buscar una confirmación de Dios por la precaución y buscarla debido a la duda y la incredulidad?

Si en este momento usted está buscando confirmación, ¿cuál de las siguientes opciones describe mejor su búsqueda?
☐ Tengo plena fe en Dios en este asunto, pero solo quiero ser cauteloso antes de seguir adelante.
☐ Estoy luchando con la duda y no estoy seguro de que Él me haya dado la fuerza para llevar a cabo la tarea.

La generación mala y adúltera demanda señal; pero señal no le será dada, sino la señal del profeta Jonás.
Mateo 16.4

Jesús le dijo: Porque me has visto, Tomás, creíste; bienaventurados los que no vieron, y creyeron.
Juan 20.29

Creo; ayuda mi incredulidad.
Marcos 9.24

Para comentar en grupo: Compare y contraste el encuentro de Gedeón con Dios y el encuentro de Moisés en Éxodo 4.1-14. ¿Por qué cree que Dios se enojó con Moisés y no con Gedeón?

GEDEÓN

Para otro ejemplo de confirmación comparable al vellón de Gedeón, vea Génesis 24.12-14 donde el sirviente de Abraham busca una esposa para Isaac.

Lo que importa aquí es lo que se esconde de la petición. Recuerde que las circunstancias de Gedeón eran muy diferentes a las nuestras. Tenemos lo que él no tenía, el canon cerrado de la Santa Palabra de Dios y el Espíritu Santo que mora en nosotros. No solo eso, sino que "el oráculo nacional estaba muy lejos en Silo. Él había crecido en una comunidad semi-pagana, y sus puntos de vista eran estrechos y confusos".[5] Le habían enseñado a creer en Baal, por lo que su relación con Jehová era joven y sin experiencia, ya que él solo lo había conocido días o posiblemente semanas antes. Dios sabía estas cosas y soportó a Gedeón de acuerdo a este entendimiento.

¿Sabe una cosa? Dios también nos conoce. Individualmente. Personalmente. Él está consciente de nuestra comprensión y de la profundidad de la revelación que nos ha dado con respecto a su voluntad, tanto general como específica. Él conoce la sensibilidad de nuestro corazón, nuestro verdadero deseo de conocer sus propósitos, y nuestra disposición de seguir adelante con la claridad que Él da. Hoy Él se relaciona con usted y conmigo basado en estos hechos.

Confirmar o no confirmar a menudo nos preocupa. Creo que podemos pedirle claridad a Dios ante un desafío cuando nuestra petición proviene de un verdadero sentido de fe, una fe que solo necesita ser fortalecida, pero no cuando sabemos que deliberadamente hemos ignorado lo que Él ya ha revelado. El método de Gedeón le convenía a la luz de sus circunstancias, pero seguir poniendo vellón tras vellón es inapropiado e innecesario a la luz de nuestras circunstancias.

Yo sí creo que la confirmación es una de las grandes misericordias que Dios nos extiende. ¿Por qué? Porque Él no nos oculta sus planes. Él, más que nadie, quiere que conozcamos su voluntad. "El que quiera hacer la voluntad de Dios, conocerá si la doctrina es de Dios" (Juan 7.17).

Tengo más de un ejemplo de Dios confirmándome sus propósitos para mi vida de manera innegable. Él es misericordioso cuando ve nuestra inseguridad. Así que pídale confirmación cuando se trate de un deseo sincero de avanzar en obediencia, pero no cuente con señales para hacer lo que su Palabra y su Espíritu ya han sido dados para lograr. Ellos son suficientes. Si se fija bien, puede que descubra que Él ya le ha dado toda la confirmación que usted necesita.

DÍA 4
EL ROCÍO Y EL SÍ
DEL CIELO

Me gustan las señales. Cuando voy manejando por un lugar en el que nunca antes he estado, agradezco cada simple indicio que me dice que voy en la dirección correcta. Cada nueva señal fomenta mi confianza y estimula mi certeza. Así que, incluso si todavía tenemos dudas en cuanto a si la petición de una señal por parte de Gedeón estuvo un poco fuera de lugar, todavía lo entiendo. ¿No es así?

Sin embargo, puedo pensar en numerosas ocasiones en las que he pasado una señal demasiado rápido y no le presté atención a lo que decía. Cuando Gedeón se sentó al lado del recipiente lleno de líquido como prueba de la respuesta de Dios, estoy muy segura de que él no entendió el significado de lo que pasó con el vellón de lana. Apuesto a que el agua que goteaba de sus manos después de escurrir el vellón, correspondía con las gotas del sudor de su frente mientras contemplaba las fuerzas de merodeadores que se acercaban. El enemigo se acercaba, y sus tropas se preparaban para salir. Mucho estaba pasando por su cabeza y su corazón cuando Dios derramó rocío, en el vellón y luego en el suelo.

Si se esperaba que Gedeón captara algún significado más profundo de estos intercambios divinos, es probable que lo perdiera. Él no tenía manera de extraer el tesoro de esta interacción divina, como lo hacemos nosotros con la Biblia en la mano y el Espíritu de Dios en el corazón. Hoy quiero que veamos algunos de los matices del vellón de Gedeón; específicamente lo que nos dice acerca de Dios y la aplicación que podemos hacer a nuestra vida.

EL ROCÍO DEL CIELO

Una de mis partes favoritas del día es la mañana temprano, cuando el sol está saliendo y el día huele fresco y estimulante. Siempre que puedo me gusta correr por mi barrio para absorber todo el aire húmedo. Me maravillan muchas cosas: el estallido de colores de los árboles y las flores, los sonidos del canto de los pájaros, y la sensación de humedad que cepilla mis tobillos al caminar sobre la hierba. A menudo me pongo a pensar en el rocío. Si no llovió anoche, ¿cómo llegó hasta allí?

En las Escrituras el rocío se usa como una señal de la gracia y el favor divinos (Proverbios 19.12). A menudo el rocío es un símbolo de un don

GEDEÓN

especial de la bondad y aprobación que Dios expresa a su pueblo. Como el rocío, la gracia es un regalo sorprendente que no se puede hacer a mano ni fabricarlo. Dios lo extiende a la humanidad como un milagro de lo alto. Y creo que el uso de los símbolos en la Biblia nos da licencia para aplicar un significado más profundo a nuestra vida de que Gedeón fue capaz de entender.

Y cuando descendía el rocío sobre el campamento de noche, el maná descendía sobre él. Números 11.9

Considere los versículos al margen. ¿De qué manera las referencias al rocío acompañan o resaltan la bondad de Dios para con su pueblo?

En su primer intercambio con Gedeón, Dios derramó el rocío sobre el vellón y no en el suelo que lo rodeaba. Su regalo no fue pobre ni mezquino. Fue tan abundante que el vellón estaba anegado, un marcado contraste con la era seca que estaba debajo. La diferencia fue notable y asombrosa. El vellón estaba empapado y mojado, el suelo árido y quemado. Si podemos sacar alguna lección de esto es que el rocío del cielo hace que su objetivo difiera de su entorno.

E Israel habitará confiado, la fuente de Jacob habitará sola En tierra de grano y de vino; También sus cielos destilarán rocío. Deuteronomio 33.28

Dios, pues, te dé del rocío del cielo, Y de las grosuras de la tierra, Y abundancia de trigo y de mosto. Génesis 27.28

¿Cómo deben refrescarnos la gracia y el favor concedido a los creyentes? ¿Cómo puede hacernos diferentes a la sociedad de la que nos rodea?

¿Pueden otros ver en su vida el rocío de la gracia de Dios? Identifique tres maneras específicas en las que usted es diferente al mundo que le rodea.

El rocío del cielo nos hace diferentes.

1.

2.

3.

Si no puede identificar ninguna diferencia, considere lo que es probable que esto le diga y convérselo con alguien de su grupo.

Al igual que el aroma refrescante de una mañana llena de rocío, donde la hierba está húmeda y el aire es dulce, el vigorizante y refrescante rocío del cielo debe renovar constantemente nuestras almas y la gracia debe marcarnos de una manera tan clara que sea evidente a todos los que nos rodean.

EL "HACER" DEL CIELO

Ahora echemos un vistazo a la segunda parte del episodio del vellón. Gedeón le da la vuelta a la tortilla y le pide a Dios que el vellón esté seco y el suelo alrededor mojado. Ya que la lana por naturaleza es absorbente, Gedeón pudo haber pensado que los resultados del primer día eran simplemente normales. Lógico, el rocío en el suelo se habría secado más rápido que el rocío en el vellón. Después de todo, tal vez esta no fuera una respuesta tan adecuada, razonó. Así que la segunda vez optó por una prueba más milagrosa para confirmar la respuesta de Dios.

Antes de seguir adelante quiero recordarle algo: no olvide que Gedeón ha sido etiquetado con un nombre nuevo. Es Jerobaal, el luchador contra Baal. Su misión principal, además de desarmar a los madianitas, era desmantelar la lealtad equivocada de la nación a su ídolo.

Jerobaal significa "que Baal contienda" por sí mismo. Jerobaal (Gedeón) ahora es un recuerdo vivo de la impotencia del ídolo. Así que echemos un vistazo más de cerca a un elemento particular del baalismo contra el cual él luchaba.

El baalismo se basaba en un sistema de creencias donde los milagros eran imposibles. Es posible que de niño le enseñaran a Gedeón que Dios lo creó todo, pero el mundo siguió funcionando por los procesos simples e impersonales de la naturaleza. El universo, como afirmaban los baalistas, era autosuficiente, sin que ningún ser eterno estuviera activamente involucrado para sostenerlo y mantenerlo. Aunque creían que era posible estimular o manipular la naturaleza/Baal para que respondiera de una manera determinada (ver nota al margen), creían firmemente que el mundo y sus acontecimientos eran independientes de la participación de Dios.

Esto hacía que la relación íntima y personal que el Señor le ofrecía a Gedeón fuera contraria a su mentalidad instruida en el baalismo. Él nunca había sentido la necesidad de orar por ciertas cosas porque los procesos que la naturaleza había establecido ya eran fijos y no se podían alterar. Para un baalista parecía bastante plausible que una tela absorbente, como la lana, retuviera el rocío. Así era la naturaleza. Pero cambiar el orden natural, ver un vellón seco encima de un terreno completamente mojado por el rocío, refutaría los procesos de la lógica... y uno de los elementos más críticos del baalismo.

¿Qué tipo de transición interna debe haber estado ocurriendo en el corazón de Gedeón para que incluso considerara la posibilidad de esta segunda petición a Jehová?

En 1 Reyes 18, Elías enfrentó a los baalistas en el Monte Carmelo. Sus intentos de coaccionar a Baal para que enviara fuego del cielo no se hubieran visto como pedir un milagro, sino más bien un intento de estimular la naturaleza de Baal. "Dentro de su sistema de creencias, esto no fue un milagro, sino una forma 'científica' de manipular sus fuerzas para lograr un resultado deseado".[6]

> ¿Qué declaración más profunda y crítica estaba
> haciendo Dios a Gedeón y a su pueblo al responder a
> su petición? Responda en el margen.

Como mencioné al final de nuestra primera semana de estudio, el baalismo
suena como una religión muy antigua y distante que tendemos a pensar
que nuestra sociedad moderna no tiene rastro de ella. Pero considere
las muchas cosas por las que no oramos a Dios porque nos hemos
acostumbrado a los procesos habituales que experimentamos todos los
días. Esto revela el espíritu astuto del baalismo que prolifera en nuestra
sociedad moderna disfrazada de humanismo. Incluso el pueblo de Dios ha
sido engañado al punto de creer que Él no hará nada por nosotros o que
no necesita hacerlo porque de todos modos ciertas cosas simplemente
pasarán. Así que oramos cada vez menos por los detalles de nuestras vidas.

Pero Jehová no era y nunca ha sido Baal. Él podía intervenir, y lo haría,
de una manera muy personal e íntima en la vida de Gedeón. Los milagros
eran posibles porque había un Hacedor de milagros. La respuesta de Jehová
como el "luchador contra Baal" sería prueba de ello. Dios haría el rocío de la
forma que Él quisiera. Eso no era un problema.

> ¿Hay algún aspecto de su vida sobre el cual ya no
> habla con Dios porque le parece que "las cosas son
> así y punto"? Si así fuera el caso, ¿cuál es?

Usted, hermano, es un "luchador contra Baal", igual
que Gedeón. Su vida y la mía son una prueba de que
Jehová existe y que no solo interviene en nuestras
vidas sino que está dispuesto a hacerlo de maneras
milagrosas y personales. Luche contra el espíritu de
Baal, amigo/a mío/a, al permitir que "sean conocidas
vuestras peticiones delante de Dios en toda oración
y ruego, con acción de gracias" (Filipenses 4.6).
Deje que el rocío del cielo le revitalice e inspire para
oponerse a ese espíritu de mentira en la familia, la
iglesia y la comunidad. Entonces, como Gedeón,
prepárese para sorprenderse con todo lo que su Dios
puede "hacer" por usted.

DÍA 5
LA FE AL CUADRADO

Era una fría mañana de invierno y yo estaba un poco malhumorada. No me funcionaba un trabajo que yo había estado tratando de lograr y me sentía desanimada e incapaz. Un manto de desánimo comenzó a cubrir con todo su peso mi tierna alma, sofocando cualquier creatividad. Cuando mi esposo llegó a casa, percibió la oscuridad. Me dio un vistazo y supo que yo estaba luchando de nuevo.

Con amabilidad y ternura me dijo: "No, no, no. Ni siquiera lo pienses. ¿Recuerdas cómo el Señor te confirmó su Palabra? ¿El llamado que te hizo? Yo estaba allí. Lo recuerdo con claridad. No permitas que una pequeña dificultad te haga olvidarlo". Dicho eso, mi querido esposo me contó los detalles del suceso que le mencioné hace un par de días en la lección de estudio bíblico. Durante un momento, bajo la creciente presión de un plazo inminente, se me había olvidado. Fue necesario que otra persona, una persona que había estado allí para verlo de primera mano, me recordara lo que el Señor había hecho.

¿ESTÁ USTED OYENDO LO MISMO QUE YO ESTOY OYENDO?

No se ha escrito mucho acerca de nuestro querido Fura en la Biblia. Él era el siervo de Gedeón (Jueces 7.10) y es probable que se haya preparado para llevarle la armadura y acompañarlo a la batalla. Tal vez fuera uno de los diez hombres que Gedeón reclutó para ayudar a derrocar al altar de Baal en el altar de su padre (6.27). En la Biblia solo se menciona una vez por su nombre. En esta noche en particular se expande el papel de Fura. Sale de las sombras al centro del escenario como compañero y confidente de Gedeón. Acompañará a Gedeón a una última aventura antes de que comience la batalla.

> Según Jueces 7.9-11, ¿qué le confirmó nuevamente el Señor a Gedeón?

> El perfume y el incienso alegran el corazón, la dulzura de la amistad fortalece el ánimo.
> Proverbios 27.9, NVI

> Aconteció que aquella noche Jehová le dijo: Levántate, y desciende al campamento; porque yo lo he entregado en tus manos. Y si tienes temor de descender, baja tú con Fura tu criado al campamento, y oirás lo que hablan; y entonces tus manos se esforzarán, y descenderás al campamento. Y él descendió con Fura su criado hasta los puestos avanzados de la gente armada que estaba en el campamento.
> Jueces 7.9-11

¿Requería Dios que Gedeón y Fura entraran al campamento antes de que comenzara la batalla?

Termine la frase: Gedeón debía entrar al campamento con Fura solo si...

¿Cuál fue el resultado de su experiencia allí (v. 11)?

Después de todos los intercambios divinos que ha estudiado esta semana entre Gedeón y el Señor, ¿por qué este podría resaltar la paciencia y la bondad de Dios, incluso más que los otros?

¿Cuáles pudieran haber sido algunos de los beneficios de la presencia de Fura con Gedeón en esta aventura?

Más temprano, ese mismo día, el ejército de Gedeón se había reducido a solo 300. Cualquier confianza que hubiera podido tener por el incidente con el vellón, rápidamente se estaba evaporando. Así que aceptó la oferta de Dios de otra confirmación antes de lanzarse al ataque.

Use su imaginación para visualizar a estos dos hombres descendiendo por la colina oscura, atravesando los tres kilómetros que separaban el campamento del enemigo del de ellos. La intensa oscuridad se extendía como una manta gruesa en todo el valle, un silencio que solo interrumpía el latido a toda velocidad de sus corazones.

Mientras más se acercaban al campamento, más claramente se podía ver la adversidad ante ellos. Cualquier esperanza de que la amenaza no pudiera ser tan mala desapareció cuando se encontraron cara a cara con un enorme enjambre, "innumerables como la arena que está a la ribera del mar" (v. 12).

Tragaron en seco. Sus corazones latían más rápido.

Mencione dos situaciones futuras en su vida que mientras más se acercan más intimidantes parecen.

¿Qué detalles de estos desafíos hacen que la
preocupación y la ansiedad sean mayores?

Al igual que mi tarea en casa, aquella mañana fría, a menudo podemos
sentirnos cada vez más abrumados mientras más lidiamos con una
situación desafiante, tanto si es una decisión que necesitamos tomar, una
conversación que necesita tenerse o una tarea que necesitamos completar.
Pero, a veces, la confianza de otra persona es lo único que necesitamos para
no perder el rumbo y continuar con la misión según lo previsto. El apoyo
de un amigo a amiga puede ayudarle a mantenerse como un participante
aunque preferiría capitular. Esto podría haber sido la razón de la presencia
de Fura esa noche.

Mencione algunas personas que han visto lo que Dios
ya ha hecho por usted o en quienes puede confiar
lo suficiente como para hablar de sus experiencias
anteriores con Dios.

Para comentar en grupo: Durante este estudio Dios le dará dirección, provocará convicción y le ofrecerá aliento y consuelo. ¿Cómo puede su grupo ayudarse en la mutua rendición de cuentas después que termine el estudio para recordarse unos a otros lo que Dios ha logrado?

ESTOY SOÑANDO

A medida que Gedeón y su compañero se acercaban al campamento de los
madianitas, podrían haber visto la disposición siguiente: "Las mujeres, los
niños, los camelleros y los camellos, tendrían el centro del interior. En la
parte delantera y en la trasera, y como alas a cada lado, estarían los grupos
de los hombres armados".[7]

Una de las primeras tiendas de campaña que probablemente hubieran
encontrado en las afueras del campamento alojarían a hombres preparados
para la guerra. Gedeón y Fura tropezaron con una tienda de campaña en la
que dos hombres estaban conversando acerca de sus pensamientos antes de
retirarse por la noche.

Si lo piensa bien, este hecho de por sí es un gran milagro. La
probabilidad de que pudieran entrar al campamento desapercibidos y luego
encontrarse justo en la tienda donde estos hombres estaban hablando de
Gedeón es abismal. Lea Jueces 7.13-15 a continuación.

Cuando llegó Gedeón, he aquí que un hombre estaba contando
a su compañero un sueño, diciendo: He aquí yo soñé un sueño:
Veía un pan de cebada que rodaba hasta el campamento de

Madián, y llegó a la tienda, y la golpeó de tal manera que cayó, y la trastornó de arriba abajo, y la tienda cayó. Y su compañero respondió y dijo: Esto no es otra cosa sino la espada de Gedeón hijo de Joás, varón de Israel. Dios ha entregado en sus manos a los madianitas con todo el campamento. Cuando Gedeón oyó el relato del sueño y su interpretación, adoró.

Imagínese cuán sorprendido debió estar Gedeón al oír su nombre y el de su padre en boca de un madianita. ¿Cómo podían tener alguna opinión sobre su capacidad como líder militar? Es evidente que Jehová había comenzado a intervenir sembrando el terror en el campo enemigo con el fin de preparar la emboscada de esa noche. Dios estaba liberando a Gedeón y sus hombres del temor mientras que ese mismo temor dejaba a sus enemigos divinamente paralizados.

Para los hebreos los sueños tenían un significado especial. Regrese al pasaje que acaba de leer y subraye las frases "pan de cebada", "la tienda", y "la trastornó de arriba abajo".

Vamos a explorar cada uno de estos elementos. El pan de cebada era el pan de los pobres. Se había convertido en la comida de los israelitas oprimidos que habían sido víctimas de los devastadores saqueos anuales de los madianitas. En el sueño, una hogaza de este pan cayó de un precipicio en el campamento y aplastó la tienda, que es muy diferente a decir una tienda de campaña. Los hombres que debatían el sueño se encontraban en una tienda de campaña, pero solo el comandante tenía la tienda de campaña, la sede de la inteligencia y el centro de sus operaciones militares. La tienda no solo quedó aplastada, se "viró al revés", que significa un cambio total de su prosperidad y bienestar.

Junto a lo que usted subrayó del pasaje, escriba estas palabras junto a las partes del sueño a las que corresponden. "Israel", "sede de Madián" e "inversión de su bienestar".

¿Qué significó el sueño para Gedeón y Fura?

DOS CABEZAS PIENSAN MÁS QUE UNA

Si esta revelación no le daba a Gedeón completa seguridad, ¡entonces nada lo haría! El enemigo no solo sabía su nombre, sino que ya estaba prediciendo la victoria de Israel. Y ahora, en lugar de que Dios lo tranquilizara al estar solo en un lagar o en una era al lado de un húmedo vellón, estaba con un amigo que también lo había visto y oído todo. Si la confianza de Gedeón volvía a disminuir, Fura estaría allí para recordarle esta noche épica.

> ¿Alguna vez Dios le ha usado para ser un apoyo de confianza en tiempos de inseguridad para los demás?

> ¿Cómo puede usted tomar más en serio este papel con sus amistades?

> ¿Ve a alguien luchando que podría beneficiarse si usted le recordara lo que Dios ha hecho en su vida?

No sabemos a ciencia cierta que Fura haya tenido que recordarle a Gedeón lo que sucedió esa noche. Pero sí sabemos que la Biblia no registra otro caso donde Gedeón le volviera a pedir confirmación a Dios. Parece que su confianza quedó adecuadamente incentivada por este hecho final divinamente orquestado. Jehová, paciente y misericordioso, se tomó el trabajo de ocuparse de la debilidad de Gedeón, e incluso le dio la compañía de otro que le sirviera de apoyo moral a lo largo del camino. Lleno del Espíritu de Dios, Gedeón estaba a punto de reunir a sus hombres y avanzar por una noche épica que cambiaría todas sus vidas para siempre.

Era ahora o nunca.
     Así que tiene que ser ahora.
     "Levantaos, porque Jehová ha entregado el campamento de Madián en vuestras manos" (Jueces 7.15).

SEMANA 5

ARMAS INUSUALES

Ir a la batalla con Gedeón es una aventura que nunca olvidaremos. El Señor los envió y los trajo de regreso sanos y salvos. Había ganado una batalla espectacular en favor de su pueblo y los había equipado con las armas más inusuales para llevarla a cabo. Aunque una espada y un escudo o un arco y una flecha pudieran haber parecido más adecuados para rodear el campamento del enemigo, Gedeón y sus hombres se lanzaron a la noche oscura con un extraño arsenal de lo que parecía ser ni más ni menos que unos implementos de cocina comunes y corrientes.

¿Recuerda las tres armas que los 300 hombres de Gedeón llevaron a la batalla (Jueces 7.16)? ¿Cómo le gustaría a usted entrar en una batalla con una desventaja de 450 a 1 y armado con una antorcha, una trompeta y un cántaro de agua? Estas armas son un recordatorio tangible de toda la premisa de la historia de Gedeón: Dios usa "lo débil del mundo para avergonzar a los poderosos" (1 Corintios 1.27, NVI). Hasta ahora solo hemos visto pistas de esta verdad bíblica a través de un tímido agricultor que reunió a sus tropas y vio cómo su ejército se fue recortando hasta quedar en 300. Ahora las estamos viendo plenamente a medida que los soldados avanzan a la guerra con un armamento al parecer inútil.

¿No es interesante el hecho de que no haya registro alguno de que estos 300 hombres se negaran a usar sus insignificantes instrumentos? Nadie los desdeñó ni intentó cambiarlos por verdaderas armas antes de empezar la batalla. Nadie llamó tonto a Gedeón cuando les dijo que los usaran. Simplemente agarraron sus cuernos, vasijas de barro y antorchas que se les había dado y se adentraron en la batalla. ¿Puede imaginarse cuánta fe tiene que haber tenido Gedeón para confiar en Él, para avanzar en el ataque a las predatorias fuerzas de Madián con estos raros implementos haciendo ruido a su lado?

Seguro que sí porque sabe lo que significa confiar en Dios cuando le ha pedido que use las armas de Él para pelear sus batallas. Considere algunas de las armas usuales que preferimos usar: la fortaleza humana, el talento natural, el poder, el razonamiento humano, la riqueza, la reputación personal, etc.

¿Qué añadiría a la lista de armas comunes?

Para otros ejemplos de armas inusuales, vea Jueces 9.50-54; 14.6; 15.15

Cuando surgen los desacuerdos, la debacle financiera, cuando los impedimentos físicos se hacen presentes, aparece el cansancio mental o los sueños se sienten amenazados, entonces, queremos intervenir con nuestras fuerzas. Pero cuando el Espíritu de Dios gentilmente nos recuerda las armas espirituales inusuales que se nos han dado, y las realidades espirituales que están en juego dentro de cada circunstancia de la vida, quiere que nos detengamos con una resolución firme y una total dependencia de Él, usando tácticas diferentes a las usuales. Considere algunas de las armas espirituales que Dios nos ha dado para que las usemos contra el ataque del enemigo: el Espíritu Santo, la oración, la Palabra de Dios, la fe, la humildad, la debilidad, la verdad y la alabanza

¿Qué añadiría a la lista de armas divinas?

¿Cuál es su respuesta usual cuando el Espíritu lo insta a luchar usando estas armas espirituales?
☐ Vacilo porque no estoy seguro que funcionarán.
☐ Las uso pero me quejo mientras lo hago.
☐ Las uso pero continúo preocupándome.
☐ Ignoro por completo las sugerencias de Dios.
☐ Confío en Él y uso sus armas.
☐ Hago otra cosa.

Seamos francos, las armas espirituales son inusuales cuando otras tácticas parecen mucho más razonables dadas las circunstancias. Pero eso es si "mira las cosas según la apariencia" (2 Corintios 10.7). A veces, solo las armas espirituales pueden llevar a cabo el trabajo.

EL CAMPO DE BATALLA

No importa cuán afilada esté la espada o cuán grande sea el escudo, Israel no se habría beneficiado de haber usado armas tradicionales la noche en que enfrentaron a los madianitas en la batalla. Su intento de usarlas habría sido en vano. ¿Por qué? Porque solo las armas que Dios le había dado específicamente para esa batalla eran las efectivas. Las armas de Dios son las únicas que también funcionarán para nosotros, en batallas que son mucho más espirituales de lo que podamos creer.

En el cuadro de abajo, escriba tres escenarios difíciles que esté enfrentando en este momento. Enumere sus respuestas naturales. Luego pídale al Espíritu Santo que le revele qué arma divina quiere que use desde este momento en adelante.

SITUACIÓN	ARMA NATURAL	ARMA ESPIRITUAL
1.		
2.		
3.		

La batalla espiritual es un conflicto que se libra en el reino espiritual invisible y que se manifiesta en el reino físico visible.

Cada realidad física tiene una raíz espiritual. De modo que si solo trata con la realidad natural, usando recursos naturales, nunca irá hasta el fondo para tratar la realidad espiritual. Puede que aplaque los síntomas durante algún tiempo, pero el verdadero problema seguirá sin resolverse y continuará hirviendo.

Ese es el plan del enemigo, lograr que usted ignore la realidad divina que tiene lugar debajo de la superficie de sus dificultades, llevándolo a subestimar el significado de sus armas espirituales.

¿Qué "lógica" suele usar el enemigo contra usted para disfrazar la naturaleza espiritual de sus batallas y para enmascarar el rol que Él tiene en ellas?

LAS ARMAS DE GUERRA

Los cántaros que llevaron los 300 hombres de Gedeón eran vasijas baratas y comunes que se usaban para almacenar agua. En este caso cada una de ellas tenía una lámpara encendida con aceite y fuego, con la luz oculta

El valor de una vasija no lo determina su composición sino su contenido.

mientras se acercaban al campamento del enemigo, protegiéndola de los elementos del viento y del aire de la noche. No fue hasta que Gedeón ordenó a sus hombres que anunciaran su ataque sorpresivo que ellos rompieron los cántaros, permitiendo que la luz de las antorchas brillara intensamente hacia el cielo oscuro. Como estaban hechas de barro, las vasijas se desbarataron al instante.

Los cántaros tenían un doble valor. En primer lugar, la importancia de los cántaros no estaba en su composición sino en su contenido. Los cántaros solo necesitaban suficiente material y mantenimiento para que la llama dentro de ellos estuviera protegida, lista para liberarse a la orden de Gedeón.

Considere en oración 1 Corintios 6.19 a la luz de los puntos significativos del párrafo anterior. Cuando esté listo, responda las siguientes preguntas:

¿En qué sentido su cuerpo es como los 300 cántaros?

¿Cómo puede estar seguro de que su cántaro hará bien su trabajo?

¿En qué sentido el Espíritu Santo es como las 300 antorchas?

En la actualidad, ¿cómo el cuidado de su cántaro ayuda a proteger la antorcha que lleva dentro?

En segundo lugar, la importancia de los cántaros estaba en su fragilidad. Hermano/a, escuche ahora con atención. Los cántaros que usaban los 300 hombres eran frágiles. Podían romperse con facilidad. Pero la debilidad no era un impedimento, de hecho, los hacía efectivos. Si los cántaros hubieran estado hechos de una sustancia indestructible que no se quebrara al instante, las antorchas habrían seguido escondidas. La fragilidad de los cántaros contribuía a su propósito final: permitir que se viera la luz. La verdadera fortaleza de cada vasija se pondría de manifiesto cuando se quebrara y la luz que estaba adentro resplandeciera en la oscuridad para impactar y enceguecer al enemigo.

Nosotros somos "como un vaso quebrado" (Salmo 31.12). La debilidad que a menudo despreciamos es necesaria para que se vea la luz de Cristo y para que se disipe la oscuridad a nuestro alrededor. Sin las limitaciones y las deficiencias de nuestros vasos, no podremos servir bien a nuestro propósito.

Su debilidad no es un impedimento. La presencia y el poder de Dios se ven mejor cuando nuestras grandes e impresionantes personalidades no se están metiendo en el camino. Así que dé la bienvenida a la luz de Dios en su debilidad y ¡déjela brillar, déjela brillar!

> Considere el pasaje del Nuevo Testamento que aparece en el margen. Marque todas las porciones que se relacionan con la vasija y la antorcha. Use el espacio que aparece abajo para escribir el significado que tiene para usted la aplicación que haga el Espíritu de Dios a esta verdad en su vida.
>
> ¿Cuáles son algunas de las debilidades en su vida a través de las cuales el Espíritu de Cristo se ve con más claridad? ¿Cómo estas pueden ser "armas" para su batalla?

Porque Dios, que mandó que de las tinieblas resplandeciese la luz, es el que resplandeció en nuestros corazones, para iluminación del conocimiento de la gloria de Dios en la faz de Jesucristo. Pero tenemos este tesoro en vasos de barro, para que la excelencia del poder sea de Dios, y no de nosotros.
2 Corintios 4.6-7

La victoria épica de Gedeón se ganó con armas inusuales y, como resultado, se convirtió en un recordatorio permanente del poder de Dios sobre los enemigos de Israel. Durante los años siguientes este triunfo se recordaría como la noche cuando Dios luchó a favor de su pueblo (Salmos 83.9-12; Isaías 9.4; 10.26). Si alguien se atreviera a cuestionar el poder y la habilidad de Dios, no necesitaría mirar más allá de las armas de Gedeón y sus 300 hombres para quedarse en silencio.

Sí, es ciertamente asombroso lo que Dios puede hacer con un soldado dispuesto, una vasija rota y el resplandor de la llama ardiente del fuego de Dios brillando a través de ella.

DÍA 2

BIEN TERMINADO

Lo que más me gusta ver en los juegos olímpicos son las carreras de relevos, no solo para ver la última persona que llega a la meta, sino por las acciones que se producen dentro de esos espacios de veinte metros que se conocen como zonas de intercambio. Esas carreras a menudo se ganan o se pierden no por la velocidad de los corredores en los relevos, sino por el intercambio del bastón o testigo.

Muchos equipos han perdido la medalla de oro porque dejaron caer el bastón o porque hicieron una entrega mala. Esta zona crítica no puede tomarse a la ligera. Cada paso cuenta. Cada corredor tiene que hacer su parte y permitir que alguien más lleve el bastón hasta terminar la carrera.

Si alguna vez trabajó arduamente para alcanzar un sueño y luego sintió que Dios le decía que pasara el bastón a otra persona, ¿cómo respondió?

¿Por qué piensa que en la carrera cristiana el intercambio del bastón es tan importante y por qué cree que a las personas les resulta difícil hacerlo?

Vuelva a pensar en el personaje bíblico que probaba con un vellón. ¿Pudo Gedeón haber estado tan sumido en el hecho de la victoria sobre Madián que no se dio cuenta que su parte de la carrera había terminado? Los eruditos tienen diferentes opiniones en cuanto al momento en que comenzó la declinación espiritual de Gedeón, pero es posible que sus inicios se encuentren en Jueces 7.23-24.

¿Había Dios comisionado a Gedeón para que reuniera a estas tribus y persiguiera a los enemigos que habían quedado? ¿O había terminado la batalla para él luego de completar su parte en la carrera? No podemos saberlo con certeza, pero el simple hecho de que la guía de Dios brillara por su ausencia a partir de este momento en la historia de Gedeón nos da una pista de que algo andaba mal. Dios había hablado libre y frecuentemente hasta este punto. Pero, ¿y ahora? Permanece en silencio. Lo que comenzó como una tarea que Dios ordenó, ahora parece estar convirtiéndose en una misión para la retribución personal (vea 8.19). Gedeón quería venganza. Las consecuencias de este cambio en la motivación se harán presentes a lo largo del resto de esta historia.

MÁS ALLÁ DE LAS ATADURAS

Las Escrituras nos ofrecen algunas pistas que nos dejan ver que la tarea divina de Dios había terminado. En primer lugar, huyó el último de los soldados madianitas mucho más allá de los límites usuales por donde se debía perseguir y entró en la zona de seguridad llamada Carcor (8.10-11). Los reyes volvieron a usar los "adornos de lunetas", una señal de que regresaban a la normalidad, al dar por hecho que ya no estaban en peligro. Otra pista está en el llamado que hizo Gedeón por segunda vez a los soldados israelitas.

> En el margen, compare Jueces 7.23-24 con el primer reclutamiento de soldados de Jueces 6.34-35. ¿Qué tres tribus se mencionan en ambos?
> ☐ 1.
> ☐ 2.
> ☐ 3.

Los soldados que volvieron a unirse al batallón de Gedeón "probablemente eran los veintidós mil que se eliminaron, según Jueces 7.3, y aquellos nueve mil setecientos que enviaron a sus tiendas por lamer el agua como los perros en el v. 8."[1] ¡Gedeón había olvidado (o ignorado) que Jehová ya había enviado a esos hombres a sus casas! Un ejército más pequeño había asegurado que toda la gloria de la victoria fuera de Jehová, pero ahora el ejército se había vuelto a inflar y obstaculizaba la meta del Señor.

Esto lo comprenderemos mejor si observamos las palabras originales que usó el autor de Jueces. Es un poco complejo, pero sé que puede hacerlo. Tome un momento para concentrarse en Jueces 6.34-35.

> En Jueces 6.34, subraye las palabras "el Espíritu de Jehová vino sobre Gedeón". Ahora, dibuje una flecha para conectar esta frase con la acción de Gedeón.

En el idioma original la frase gramatical afirma a propósito la conexión entre el momento en que Gedeón recibe el Espíritu y el momento en que actúa. El sonido del cuerno y la respuesta de los abiezeritas venían de parte de Jehová y con su poder. A primera vista pareciera que las siguientes cuatro tribus se reunieron por la misma razón, la guía del Espíritu, pero una vez más el idioma original nos permite comprender esto mejor.

> Encierre en un círculo "envió" y "asimismo envió" en el versículo 35. Luego trace líneas hasta las tribus que estuvieron involucradas en cada ocasión.

23Y juntándose los de Israel, de Neftalí, de Aser y de todo Manasés, siguieron a los madianitas. Gedeón también envió mensajeros por todo el monte de Efraín, diciendo: Descended al encuentro de los madianitas, y tomad los vados de Bet-bara y del Jordán antes que ellos lleguen. Y juntos todos los hombres de Efraín, tomaron los vados de Bet-bara y del Jordán.
Jueces 7.23-24

34Entonces el Espíritu de Jehová vino sobre Gedeón, y cuando éste tocó el cuerno, los abiezeritas se reunieron con él. Y envió mensajeros por todo Manasés, y ellos también se juntaron con él; asimismo envió mensajeros a Aser, a Zabulón y a Neftalí, los cuales salieron a encontrarles.
Jueces 6.34-35

A diferencia de la conexión directa entre el poder de Dios y las acciones de Gedeón en el versículo 34, la gramática del versículo 35 revela una desconexión entre Jehová y su juez. Esta ruptura con doble propósito que aparece en el pasaje, diciendo dos veces "envió", muestra que estas últimas tribus que se unieron a las filas de Gedeón, aunque Jehová en su gracia así lo permitió, quizá no fueran la consecuencia de la dirección de Jehová. En otras palabras, después de la reunión inicial de los abiezeritas, Gedeón debió haber marchado con confianza a la guerra con aquellos que respondieron al llamado de la trompeta. Pero, por el contrario, vaciló y con incertidumbre reunió a un grupo mayor.

> Piense cómo Gedeón derrumbó al ídolo de su padre (6.27). Compárelo con 6.34-35. ¿Qué patrón de conducta ve manifestada? (Responda en el margen).

Gedeón tenía el hábito de ir más allá de la dirección que Dios le había marcado para apaciguar su inseguridad y timidez. De modo que cuando Dios derrotó a los madianitas aquella noche trascendental, parece que Gedeón volvió a su antiguo patrón de aplacar las dudas sobre sí mismo con un exceso de recursos. ¿Habría Jehová querido que Gedeón volviera a reunir las mismas tropas que Él había enviado a casa? En lugar de continuar confiando en el único y verdadero Dios, Gedeón regresó a confiar en la fortaleza humana. Más tropas comenzaron a tomar el lugar espiritual que le habían proporcionado la fe y la dependencia de Jehová.

> ¿Alguna vez se ha querido apaciguar su inseguridad en vez de permanecer dentro de los límites que ha puesto Dios? Si es así, ¿en qué formas ha hecho esto?

¿TERMINÉ?

Lo importante no es que podamos determinar con exactitud el momento en que Gedeón comenzó a avanzar más allá de lo que era su tarea. Veremos otra posibilidad más adelante durante esta semana. Lo importante es asegurarnos de no hacer lo mismo.

¿Escogeremos conformarnos con el desarrollo de una tarea hasta un punto determinado, según la decisión de Dios, para luego apartarnos y dar el bastón a otros? Puede ser difícil terminar si ha soñado con la organización, ha ideado la misión y trabajado para levantarla y avanzar y luego siente que el Espíritu de Dios le susurra "Basta ya". En lugar de apartarnos con alegría y gracia, podemos sentirnos tentados a agarrarnos codiciosamente a ministerios y posiciones, aspiraciones o sueños, mucho después de haber pasado la zona de intercambio divino. ¿Qué tal si terminar bien significara no terminar?

Terminar bien podría significar no terminar.

David podría tener una respuesta para nosotros. Él deseaba, más que nada en el mundo, edificar una casa para Dios. Sus intenciones eran puras y su propósito, honorable. Sin embargo, hasta el cielo detuvo esta noble aspiración. Dios instruyó al profeta Natán para que le dijera a David que no construiría la casa; uno de sus sucesores la construiría en vez de él. De modo que David tenía que decidir cómo respondería: ¿agarraría con egoísmo el bastón o se prepararía para pasarlo?

¿Qué hizo David en respuesta a las instrucciones de Dios? (Vea 1 Crónicas 22.11, 14a, 19 y 29.2-4.)

¿Cómo describiría la actitud de David?

¿Cómo trató él a su sucesor?

Incluso hoy, más de 2,500 años después de su construcción, este templo se conoce como el "Templo de Salomón". ¿Qué pasó con David? No lo edificó, pero hizo los preparativos para la construcción. El éxito de Salomón tuvo su fundamento sólido en la provisión de su padre. Si David no hubiera hecho su parte, Salomón no podría haber llevado a cabo esa obra con éxito. David reconoció sus límites y sobresalió dentro de ellos. Luego alegremente pasó el bastón. Sabía cuándo terminar incluso, aunque el proyecto no estuviera terminado.

Me pregunto cuántas misiones y ministerios han fracasado porque cristianos egoístas se negaron a hacer su parte y luego entregar la tarea en manos de la siguiente persona que Dios había ungido para que corriera el siguiente tramo de la carrera. Me pregunto que diferente habría sido la historia de Gedeón si hubiera estado satisfecho haciendo aquello para lo cual Dios lo había preparado.

¿Cómo cambiaría su historia si usted lo hiciera así?

DÍA 3

FUEGO AMIGO

A mis hijos les cuesta trabajo celebrar los logros de sus hermanos. Si uno de ellos tiene éxito en el aula o en la cancha, a menudo los otros no se alegran mucho al ver que están celebrando a uno de sus hermanos. En lugar de unirse a las felicitaciones, encuentran más fácil señalar algo que pudo haberse hecho de una manera diferente o mejor.

- "Esa es la única A que has sacado en una prueba este año".
- "Ese tiro habría entrado si tu arco hubiera estado mejor".
- "Apuntaste, pero podías haber corrido un poco más rápido".
- "Podías haber resuelto esos problemas matemáticos mentalmente como lo hago yo, en lugar de tener que hacer las cuentas en un papel".

¿Por qué nos resulta tan difícil afirmar genuinamente el éxito de otra persona? Tal vez imaginamos que Dios tiene una "cesta de bendiciones" y que si saca una para dársela a alguien más, de alguna manera disminuye aquellas que nos tocan a nosotros.

¿Por qué nos llenamos de envidia cuando estamos fuera de la luz que otros están disfrutando? Allí en las sombras forzamos una sonrisa a medias, mientras deseamos en secreto haber sido nosotros el centro de atención por el logro de ellos. Nos sentimos apartados, inseguros, de alguna manera, minimizados. Entonces nuestra inseguridad exagerada da lugar al escrutinio. Nos volvemos críticos, encontrando faltas hasta donde es difícil detectarlas, ofreciendo nuestra opinión quisquillosa y cínica.

¿A quién creemos que estamos engañando? Nuestras verdaderas intenciones siempre nos delatan. Más tarde o más temprano la fachada se derrumba y nuestros colores egoístas y críticos brillan intensamente.

Así sucedió con los de Efraín.

> Pero los hombres de Efraín le dijeron: ¿Qué es esto que has hecho con nosotros, no llamándonos cuando ibas a la guerra contra Madián? Y le reconvinieron fuertemente.
> Jueces 8.1

LLUVIA EN MI DESFILE

¿Cuál era la queja de Efraín en contra de Gedeón (Jueces 8.1)?

¿Por qué puede ser esta una respuesta sorprendente, de acuerdo a los sucesos de Jueces 7.24-25?

A Efraín no lo habían incluido en la derrota inicial de los madianitas. Cuando Gedeón solicitó ayuda por primera vez, no los llamó personalmente a participar. Cuando por fin los llamó, fue solo como un último recurso porque el enemigo estaba huyendo hacia su territorio. De modo que sí, les ayudaron para consolidar la victoria, pero no se conformaron con estar fuera del brillo del éxito de Gedeón y los 300.

Observe este cuadro: el aire de victoria batía sobre el batallón de los 300 como un estandarte. Habían ganado la batalla y parecía que toda la guerra había terminado ahora que los líderes madianitas, Oreb y Zeeb, estaban muertos.

Gedeón y sus tropas estaban eufóricos. Jehová había ganado la batalla por ellos, sin lugar a dudas. La victoria era dulce.

Entonces, como la lluvia que cae durante un desfile de Macy's, la orgullosa tribu de Efraín enseguida lanzó un ataque verbal que acabó con el ánimo festivo de los hombres. Las sonrisas se desvanecieron. La tensión se elevó. Los gritos de victoria se apagaron. Un doloroso desánimo ocupó el lugar de la alegría que habían experimentado.

Seamos honestos: la razón por la que esta lección toca un tema tan delicado es porque probablemente hemos estado en ambos lados de la moneda de la crítica, haciendo comentarios innecesarios y denigrantes un día y luego recibiéndolos al siguiente. Sabemos lo que se siente cuando los hacemos y lo que se sufre cuando los recibimos.

Entonces, ¿por qué lo hacemos? ¿Y cómo podemos detenerlos?

Póngase en los zapatos de Gedeón. Recuerde la última vez que recibió una dosis de crítica. ¿Qué efecto tuvo en usted?

Ahora, siéntese en el campamento de Efraín. Piense en la última vez que usted, incluso inadvertidamente, echó un cubo de agua fría al desfile de otro. Luego considere las siguientes preguntas:

¿Qué hizo que usted se sintiera justificado en sus comentarios?

¿Por qué le fue difícil afirmar a esa persona?

¿Cómo sus comentarios lo afectaron?

¿Cómo le hizo sentir el hecho de ser crítico?

EL CAOS PRINCIPAL

Este pasaje marca la primera disputa en el libro de los Jueces entre dos de las tribus de Israel, y su disensión sería costosa. El litigio entre el pueblo de Dios costó energía y un tiempo precioso que pudo haberse reservado para tareas más importantes. Como veremos muy pronto, sus reservas de comida, provisiones y vitalidad estaban disminuyendo. De modo que, en vez de gastar esfuerzos en una discusión interna, debieron haber estado guardando sus recursos para la misión común que tenían entre manos.

¿Cómo se describen las tropas en Jueces 8.4?

¿Cómo cree que la disensión contribuyó a esto?

¿En qué forma las personas críticas le agotan?

Enumere las tareas importantes que pueden estar quedando desatendidas debido a sus reservas atacadas.

Pero los hombres de Efraín le dijeron: ¿Qué es esto que has hecho con nosotros, no llamándonos cuando ibas a la guerra contra Madián? Y le reconvinieron fuertemente.
Jueces 8.1

El caos que crea la crítica puede ser asombroso. Mientras Efraín entraba a la lucha, tuvo que suspenderse la operación Conquista de Madián. Las tropas enemigas, llenas de pánico y agobiadas por la guerra, escaparon hacia el este y llegaron hasta Carcor antes que Gedeón y sus hombres pudieran agarrarlos.

En el mapa de la Geografía de Gedeón, que se encuentra al final de este libro, busque la flecha que señala a Carcor y escriba "113+ kilómetros".

Entonces se reunieron los varones de Efraín, y pasaron hacia el norte, y dijeron a Jefté: ¿Por qué fuiste a hacer guerra contra los hijos de Amón, y no nos llamaste para que fuéramos contigo? Nosotros quemaremos tu casa contigo.
Jueces 12.1

Aunque no podemos saber con exactitud el lugar donde se encontraba Carcor, sabemos que por lo menos estaba a ciento trece kilómetros desde donde Gedeón y su ejército comenzaron su persecución. El pueblo de Dios estaba luchando mientras el enemigo estaba ganando terreno. Piense en todas las formas en que ha visto al enemigo ganar terreno cuando el pueblo de Dios ha entrado en discordias.

LA RAÍZ DE TODO

¿Qué le dice el parecido entre Jueces 8.1 y 12.1 que aparece en el margen acerca de la tribu de Efraín?

En los siguientes dos párrafos subraye las razones por las que Efraín se puso a criticar a otros.

La tribu de Efraín era orgullosa, egocéntrica e irritable. Se sentían con muchos derechos por varios factores. En primer lugar, sus ciudades importantes de Betel y Silo eran puntos clave de reunión para la nación. Silo era el centro religioso de Israel. Efraín sentía una distinción y una cercanía especial con Dios.

En segundo lugar, al igual que la tribu central, estaban localizados lejos de los territorios fronterizos que los ataques de Madián afectaban primero. Su tierra y su gente no habían sufrido las mismas pérdidas que las otras tribus. Se sentían <u>especiales y excepcionales</u>, no dañados ni devastados.

Vea Profundice más V en la página l25 para encontrar otro factor que contribuyó al complejo de superioridad de Efraín.

¿Cómo ha visto estos sentimientos que acaba de subrayar en la naturaleza crítica que ha encontrado en otra persona?

¿Nuestra desaprobación de las acciones o de las decisiones de otros tiene su justificación en una cercanía de Dios que pensamos tener? Podemos comenzar a pensar que nuestra espiritualidad está más enfocada y a tono, dándonos la licencia para juzgarlos con el respaldo de Dios. En vez de amor y tolerancia, expresamos rudeza.

¿Qué hay de ese falso sentido de superioridad que a veces aparece cuando vemos las tribulaciones o las consecuencias con las que otros están lidiando y de las que nosotros nos hemos librado? En vez de dejarlos humildemente a la gracia de Dios, hacemos evaluaciones arrasadoras y despiadadas de otros desde un desafortunado sentido de posesión.

¿Ha visto algo de esto afectar su trato con otros? Si es así, ¿en qué sentido?

DE COMPETIDOR A EXHORTADOR

Gedeón estaba consciente de cuánto tiempo y terreno estaban perdiendo, o tal vez podía ver la moral de sus tropas desvaneciéndose. Pero cualquiera que fuera la razón, la sabiduría estuvo presente en la respuesta que dio a las payasadas infantiles de Efraín.

¿Cómo la respuesta de Gedeón a Efraín, en Jueces 8.2-3, suavizó la situación?

Compare la respuesta de Gedeón a Efraín con la que le dio a Jefté en Jueces 12.2-4. ¿En qué se diferencian? ¿Cuál fue el resultado de cada respuesta? Responda en el margen.

Abiezer era el nombre del clan de Gedeón dentro de la tribu de Manasés.

La blanda respuesta quita la ira; mas la palabra áspera hace subir el furor.
Proverbios 15.1

En vez de rebatir con fuerza, Gedeón escogió dar una respuesta humilde y lo hizo con diplomacia. Minimizó sus propios logros y resaltó los de ellos. Gedeón usó un lenguaje poético para afirmar que la muerte de Oreb y Zeeb que había tenido lugar aquel día ("el rebusco de Efraín") habían sido mucho más impresionantes que el éxito de Gedeón la noche anterior ("la vendimia de Abiezer").

Jefté no estaba equivocado; simplemente no era sabio. Solo alguien que conscientemente ha elegido la humildad y la tranquila fortaleza de la moderación será capaz de responder a las críticas como lo hizo Gedeón. Con astucia terminó con la fiera disputa entre sus parientes en favor de la mayor contienda que tenían por delante.

¿Cómo sería si usted usara Proverbios 15.1 en la situación más desafiante que estuviera enfrentando hoy?

Antes de terminar el estudio, vaya a Filipenses 2.3 y a Romanos 12.10 y reflexione acerca de ellos en oración. Luego tome la decisión de sacar hoy el espíritu de crítica de usted. Cuando desee criticar a otros, tómelo como una pista de que debe animarlos y bendecirlos. En lugar de ponerse a la defensiva, reaccionar negativamente o interiorizar cualquier crítica que le hagan, responda con gentileza y amor a medida que el Espíritu lo capacite para apaciguar la situación con sabiduría.

EFRAÍN Y MANASÉS

Un milenio antes de la época de Gedeón, José trajo a sus hijos Manasés y Efraín al lado de la cama de su abuelo enfermo. Había llegado el momento de transmitir el legado de la familia (Génesis 48). Como era la costumbre, el mayor se dispuso a recibir la bendición. Así que José estratégicamente colocó a Manasés cerca de la mano derecha del favor de Jacob y a Efraín a la izquierda.

Por razones que solo el patriarca Jacob sabía, cambió las manos y, por consecuencia, las bendiciones. Cruzó las manos para colocar la derecha sobre la cabeza de Efraín y la izquierda sobre Manasés. Con este pequeño pero significativo movimiento, quitó de Manasés la bendición primaria y la dio a su hermano menor Efraín. Desde aquel día en adelante la posteridad de Manasés quedó en segundo lugar, después de la de Efraín.

José estaba impactado. Su reacción inmediata fue tomar la mano de su padre y cambiarla de la cabeza de Efraín a la de Manasés (Génesis 48.17), pero Jacob no se lo permitió. No había cometido un error. Estaba consciente de sus acciones y confirmó su elección de Efraín.

El tiempo confirmaría que la selección de Jacob estaba enraizada en una visión profética del futuro de Efraín. Durante el paso por el desierto, la tribu de Efraín sería más numerosa que la de Manasés. Importantes personalidades, como Josué, emergerían de Efraín y su ciudad Silo sería la casa del tabernáculo. Cuando Israel entró a la tierra prometida, Manasés quedó dividido en su herencia de la tierra, lo que debilitó su firmeza, mientras que Efraín permaneció intacto en la geografía y en el poder. Todos los israelitas, incluyendo a Gedeón, conocían la posición de superioridad de Efraín. Esta fue una de las razones por las que Gedeón se asombró y no podía creer que Malak Yahweh lo escogiera, un hombre cuya familia era "de las más pobres en Manasés" (Jueces 6.15), para liderar la cruzada por la libertad de la opresión de los madianitas.

Una generación antes el mismo Jacob había recibido el derecho de nacimiento y la bendición en vez de su hermano mayor Esaú (Génesis 25.29-34). Aquí volvemos a ver el patrón de Jehová escogiendo al menos probable y al más débil sobre el fuerte. Incluso en las épocas antiguas, Dios escogió a personas inesperadas para mostrar su poder y llevar a cabo sus planes. Una vez más sucedió cuando sorprendentemente Gedeón se levantó de la tribu menor para convertirse en un héroe nacional.

Gedeón y Efraín tenían dos cosas en común; primero, ambos habían sido llamados de un segundo a un primer lugar. Segundo, ambos serían presa de una orgullosa, egoísta y siniestra pretensión que sabotearía su potencial.

La constante oración sincera de cualquier persona que Dios usa tiene que ser por una continua humildad y dependencia de Aquel que los envió por primera vez. La relevancia fácilmente puede tornarse en egocentrismo y orgullo que deteriorarán el potencial divino e incapacitarán a la persona para que la puedan usar en el futuro. Lo vemos en Efraín y tristemente también lo veremos en Gedeón.

A PESAR DEL CANSANCIO

¿Cansado? Si lo está, yo le comprendo. Esta semana hemos empuñado armas inusuales en la batalla, arremetido en el territorio enemigo durante la noche y tratado sabiamente con la crítica de otros. Mientras tanto, usted ha estado viviendo su vida llena de todas las demandas y deberes que mantienen al mundo girando. Tendría sentido que necesitara un descanso.

Gedeón y sus hombres ciertamente lo necesitaban. Estaban "cansados" (8.4). La adrenalina que había estado fluyendo por sus venas estaba comenzando a agotarse, dando lugar a la conciencia de las barrigas vacías y los músculos fatigados. No habían comido ni dormido durante muchas horas y no tenían comida ni refugio para descansar antes de comenzar el camino hacia el este, hacia el río Jordán.

Me llama mucho la atención este segmento de la narración de Gedeón. Puedo identificarme con él y estoy casi segura de que usted también. Estos 300 no son super héroes que no necesitan descansar. Incluso Gedeón, quien se había enfrentado a Baal con la fortaleza de Jehová, está incluido en la cantidad de los que están cansados. Su fragilidad se expresa más agudamente en Jueces 8.4-9 que en ningún otro lugar de toda la narración. No obstante, no hay nada de malo en que estuvieran exhaustos; no hay vergüenza porque estuvieran agotados. En vez de esto, un atisbo de celebración y valentía se encuentra entretejido en la tela de este texto. Sí, estaban cansados, pero estaban enfocados en su objetivo inmediato.

> Siempre te ayudaré, siempre te sustentaré con la diestra de mi justicia.
> Isaías 41.10

> Gedeón y sus trescientos hombres, agotados pero persistiendo en la persecución, llegaron al Jordán y lo cruzaron.
> Jueces 8.4, NVI

Encierre en un círculo la palabra "pero" en Jueces 8.4. ¿De qué forma esta palabra influye en el versículo?

¿En qué sentido actualmente se siente fatigado en su vida?
☐ espiritualmente ☐ emocionalmente
☐ mentalmente ☐ físicamente
☐ otro

Explique su respuesta.

¿Cómo se siente, o cómo le hacen sentir otros, cuando necesita un descanso porque se siente vacío y/o cansado?

- ☐ culpable
- ☐ avergonzado
- ☐ comprendido
- ☐ apenado
- ☐ triste
- ☐ otro

Escriba su propia oración con la palabra "pero". Describa aquello de lo que está cansado, pero que esté comprometido a hacer a pesar de su cansancio.

_____

_____ PERO _____

_____

La historia de Gedeón no pretende llevarnos a creer que el poder de Dios va a hacer que caiga sobre nosotros el manto de un súper hombre/mujer. No debemos sentirnos culpables cuando nos sentimos fatigados. Admitir que nuestros recursos se han agotado no es un pretexto ni una señal de falta de fidelidad. Solo significa que necesitamos recargarnos a medida que continuamos avanzando. ¿Pero qué pasa si, cuando buscamos recargarnos, todo lo que obtenemos es rechazo? ¿Qué haremos entonces?

Trabajar incansablemente no es lo mismo que trabajar con persistencia.

¿AYUDA, POR FAVOR?

Hace poco pasé ocho días en una gloriosa oportunidad durante el ministerio con mujeres en Nueva Zelanda. Di diez conferencias y disfruté cada minuto de ellas. Pero entre los efectos por el cambio de horario, las noches acostándome tarde y la gran inversión de energía que alegremente hice mientras enseñaba, regresé a casa gloriosamente exhausta.

Honestamente, este agotamiento no es muy diferente a la forma en que me siento al final de una semana habitual en mi vida cuando estoy en casa lavando la ropa, empacando almuerzos, haciendo mandados e interviniendo en peleas de hermanos. La inversión emocional, mental y física que las mujeres ponemos en cada aspecto de la vida durante cada semana puede ser bastante agobiante. Mientras más exhaustos nos sentimos, más grande es nuestra tendencia de acudir a alguien o algo más para recargarnos. Lea Jueces 8.5-9 y responda las siguientes preguntas.

¿A qué dos pueblos se volvió Gedeón en busca de ayuda? ¿Qué les pidió?

GEDEÓN

¿Ayudaron ellos a los 300?

¿Cuál fue la respuesta de Gedeón?

En el Mapa de la Geografía de Gedeón, dibuje una "X" sobre los dos lugares, conéctelos con una línea y escriba "6 kilómetros" entre ambos.

Estos dos pueblos estaban dentro del territorio de Gad. Sucot estaba muy cerca de la región madianita y debía conocer muy bien esta amenaza del enemigo. Los 300 tienen que haber pensado que estos pueblos vulnerables habrían estado agradecidos y dispuestos a ayudar. Pero, qué sorpresa, estaban equivocados.

Por temor a los madianitas, Sucot y Peniel escogieron optar por la precaución egoísta y cobarde. Si los ayudaban y el enemigo alguna vez se enteraba, su generosidad podría costarles caro. De modo que se abstuvieron de ayudarlos.

Imagine la decepción de aquellos soldados hambrientos y necesitados cuando se enfrentaron con la realidad de tener que continuar sin comida ni provisión. Primero tenían que recorrer los seis kilómetros desde Sucot hasta Peniel y luego otros 40 kilómetros de allí hasta Carcor.

Podemos sentirnos identificados. Todos tenemos nuestros propios Sucot y Peniel. Al final de un largo día, semana o actividad donde hemos invertido todo nuestro ser, acudimos a ciertos hábitos, personas o ambientes para recargarnos. Ciertamente, en la mayoría de los casos, no hay nada de malo en eso, pero, ¿acaso no han habido ocasiones en las que hemos reconocido que estas opciones no están disponibles para nosotros o que de alguna manera son insatisfactorias? ¿Qué tal si la vida hogareña no fuera el descanso que usted estaba deseando en ese momento? ¿Qué tal si dormir un poco más no llenara ese vacío de energía? ¿Qué tal si su amiga tuviera sus propias necesidades y no pudiera escuchar lo que tiene que decirle? ¿Qué tal si su cónyuge no estuviera disponible emocionalmente, si su trabajo no le satisficiera, si sus colegas no colaboraran o su ministerio se hubiera vuelto muy exigente?

¿Qué tal si nuestro Sucot y nuestro Peniel no nos ayudaran?

¿A qué o a quién acude para refrescarse?

¿En qué forma le dan lo que necesita?

¿En qué forma no le dan lo que necesita?

El hecho de que Sucot y Peniel se negaran a ayudar era una afrenta enorme a la lealtad. Al negarse a ayudar estaban colocándose pasivamente al lado de los madianitas y deshonrando su responsabilidad de hermanos.

¿Qué adjetivo usaría para describir mejor el tono de la reacción de Gedeón (8.7,9)?
☐ comprensivo ☐ apacible
☐ furioso ☐ irritado

¿Qué le prometió él a los líderes de los pueblos?

La respuesta de Gedeón es comprensible pero no aceptable. Los eruditos están divididos acerca de si esto es justicia o venganza personal. Pero una cosa está clara: Gedeón había cambiado. El hombre manso y humilde que vaciló ante la idea de luchar contra los opresores del pueblo de Dios ahora estaba intentando destruir el suyo propio. Su enfoque había cambiado y ahora su energía estaba mal dirigida.

¿Cómo ha reaccionado ante las personas que no le dieron lo que esperaba? ¿Cómo se parece eso a la respuesta de Gedeón?

El texto no nos dice de dónde vino la comida de los 300, solo que restablecieron sus energías lo suficiente como para ir y "atacar al ejército cuando estaba desprevenido" (v. 11). Aunque el texto no especifica de dónde ellos recibieron ayuda, el autor resalta de dónde no la recibieron.

Tal vez debemos seguir el ejemplo y resaltar de dónde no viene nuestra ayuda. Luego podremos recordar de dónde viene.

Considere en oración las porciones de Isaías 40 escritas en el margen. ¿Qué representaría para usted vivir a la luz de esos versículos?

¿Cómo se vería en la práctica su espera en el Señor?

Aunque los pueblos Noba y Jogbeha se mencionan en el versículo 11, no vemos ninguna indicación directa de que ayudaran a los 300.

El Dios Todopoderoso, el Logos, el Creador de los confines de la tierra no desfallece, ni se fatiga con cansancio. Su entendimiento es inescrutable. Él da esfuerzo al cansado, y multiplica las fuerzas al que no tiene ningunas. [...] pero los que esperan a Jehová tendrán nuevas fuerzas.
Isaías 40.28-29,31

LA PASIÓN PARA PROSEGUIR

No puedo evitar dar un salto a un pasaje del Nuevo Testamento antes de concluir nuestro estudio de hoy. El apóstol Pablo escribió una carta a la iglesia en Filipo en la que usa ejemplos de la vida de los atletas que dibujan un hermoso cuadro para los guerreros cansados.

> Olvidando ciertamente lo que queda atrás, y extendiéndome a lo que está delante, prosigo a la meta, al premio del supremo llamamiento de Dios en Cristo Jesús.
> Filipenses 3.13-14

Subraye palabras que describan a los atletas en este pasaje en el margen.

Escriba las dos cosas que Pablo dice que son necesarias para proseguir.

1.

2.

Los corredores disciplinados aclaran constantemente sus pensamientos y se concentran en el recorrido que tienen por delante. ¿Tienen los músculos cansados? Sí. ¿Tienen los pulmones agotados? Sí. Pero, ¿pueden continuar? Sí, porque su pasión y celo por llegar a la meta sobrepasa su fatiga. Su objetivo los impulsa a seguir adelante. La pasión no niega el cansancio, solo decide proseguir a pesar de él.

> La pasión no niega el cansancio, solo decide proseguir a pesar de este.

Así que, libere hoy cualquier cosa o cualquier persona que haya utilizado como su "Sucot" y su "Peniel" en la vida. Vuélvase a comprometer con una dependencia continua y la comunión con el Señor, pidiéndole que le dé lo que solo Él puede darle: una pasión que inflame su corazón para lograr los propósitos divinos.

Él puede hacerlo, ¿lo sabía?

Dios puede y va a conmover su corazón y a despertar su alma con una pasión que avanza más allá de la fatiga. Entonces se sentirá preparada para continuar con pasión hacia la meta, hacia el premio del supremo llamamiento de Dios en Cristo Jesús.

Es posible continuar avanzando a pesar del cansancio. De modo que no se detenga ahora. No importa lo que esté haciendo, no se detenga.

DÍA 5

EL EFECTO DOMINÓ

Me siento un poco avergonzada de decirlo, pero aprendí a jugar dominó hace muy poco tiempo. Con mis abuelos. Me senté a la mesa del comedor de su casa, intentando seguir las matemáticas que se acumulaban detrás de las ramas del árbol de dominó que estábamos creando.

Hasta aquel momento solo había usado el dominó con un propósito: alinear las fichas, darle un golpecito a la primera y luego observar cómo caía el resto hasta llegar a la última. Una provocaba que la otra cayera, todas sumergidas en la marea del impulso.

Sumergida.

Enterrada.

Impulso.

Puedo sentirme identificada. Puedo recordar con claridad ocasiones en las que me he permitido ser víctima del momento, ya sea por las circunstancias o por las acciones de alguien. Antes de que pudiera darme cuenta, una acción había conducido a una reacción y luego a otra y a otra y, de repente, yo estaba sumergida en una marea del impulso que me había llevado tan lejos de mi curso que casi no podía recordar a dónde había comenzado o a dónde se esperaba que me dirigiera.

Pero usted no tiene que saber jugar dominó para entender ese efecto.

YENDO HACIA ABAJO

Gedeón está fuera de su curso. Ahora ya podemos ver el cambio en el corazón de Gedeón, de la misión divina a la venganza personal. Persiguió a los madianitas que huyeron hasta Carcor, desmanteló con éxito a su ejército y detuvo a sus infames líderes, Zeba y Zalmuna. El momento de la ejecución había llegado. Pero primero, en Jueces 8.18 les hizo una pregunta peculiar: "¿Qué aspecto tenían aquellos hombres que matasteis en Tabor?"

Esta es la primera vez que escuchamos acerca de una batalla en el monte Tabor (una gran montaña al norte del valle de Jezreel) pero, no obstante, tiene que haber tenido un significado muy especial para los nativos de Israel. La respuesta del rey, si bien para nosotros es vaga, tenía suficiente familiaridad como para resonar en el alma de Gedeón: "Como tú, así eran ellos; cada uno parecía hijo de rey" (Jueces 8.18).

GEDEÓN

La mente de Gedeón tiene que haberse colmado de sentimientos encontrados y de angustia emocional al recordar cómo sus hermanos se habían perdido después del baño de sangre en el monte Tabor.

"Y él dijo: Mis hermanos eran, hijos de mi madre. ¡Vive Jehová, que si les hubierais conservado la vida, yo no os mataría"
Jueces 8.19

¿Quiénes eran los hombres que habían sido asesinados (Jueces 8.19)?

Eso había sido todo. Colapsó la última ficha del dominó, lanzando a Gedeón a una sórdida misión de venganza.

¿Por qué la declaración de Gedeón nos da una pista de la motivación de su corazón (v. 19)?

Las directivas de Jehová ya no son la preocupación primaria de Gedeón. Ahora está tomando decisiones, basándose en las acciones de otros. Lo que los reyes habían hecho se convierte en el estímulo para lo que él decidiría hacer. A Gedeón no lo mueve la voz de Malak Yahweh, sino su dolor del pasado y su devastación emocional.

Si ellos no hubieran hecho eso, él tampoco habría hecho esto.

Él se ha dejado llevar por el momento. Él está fuera de control. Sumergido.

Enterrado.

Impulsivo.

Considere su vida a la luz de este descubrimiento. ¿Alguna de sus tareas divinas ha tomado un rumbo hacia los intereses personales? Si es así, ¿qué circunstancias han hecho que cambie su perspectiva?

Complete esta oración:
Si _____ no hubiera hecho _____
_____, entonces yo tampoco habría
hecho _____.

LA CUESTA RESBALOSA

Si observa con cuidado todos los sucesos antes de la muerte de los reyes de Madián, puede ver las fichas de dominó cayendo y a Gedeón desviándose del propósito que inicialmente lo había sacado de debajo de la encina en el lagar. Responda las siguientes preguntas basándose en <u>Jueces 8.15-17</u>.

¿Adónde fue Gedeón?

¿A quién llevó con él?

¿Cuál era su propósito?

¿Cuál de las siguientes opciones cree que describe mejor lo que motiva las acciones de Gedeón incluso en este momento?

☐ pelear por la paz   ☐ luchar contra la idolatría
☐ juzgar a su pueblo   ☐ contraatacar

DOMINO #1
venganza contra los líderes en Sucot

Gedeón no estaba bromeando cuando amenazó con vengarse de las personas que no quisieron darle pan a su cansada tropa. Luego de arrasar con los dos reyes de Madián, regresó a Sucot con una lista cuidadosamente preparada de los 77 ancianos que serían víctimas de esa brutal y horrible venganza (Jueces 8.14). Luego avanzó hasta <u>Peniel</u>, donde su sed de venganza aumentó aun más.

¿En qué se diferencia el castigo de los hombres de Peniel a lo que Gedeón había planificado inicialmente (compare Jueces 8.9,17)?

DOMINO #2
enojo creciente y violencia en Peniel

Peniel era una ciudad fortificada sobre una colina que miraba hacia Sucot, con una torre arrogante en la que ellos confiaban para su seguridad. Gedeón no solo derrumbó su ciudadela, dejando a los habitantes vulnerables y expuestos, sino que fue un paso más allá masacrando a los líderes de la ciudad.

Luego, puso su atención en los dos reyes, <u>Zeba y Zalmuna</u>. El hecho de que Gedeón los matara no es sorprendente, pero la persona que destinó para que lo hiciera sí lo es. Con el peso de las dos primeras fichas de dominó doblando su alma, decidió que estos reyes necesitaban pagar con creces no solo por los motines en Israel sino también por matar a sus hermanos.

¿A quién escogió Gedeón para que matara a los reyes (8.20)?

DOMINO #3
la desgracia de los reyes madianitas

GEDEÓN

¿Está usted experimentando en la actualidad uno o más "efectos dominó" en su vida? Si es así, enumérelos abajo.

Durante décadas se contaría la historia de esos reyes reverenciados con admiración y honor alrededor de las fogatas en los campos de Madián. Sin embargo, morir a manos del hijo adolescente de Gedeón les robaría esa dignidad. En cualquier ocasión en que se recordara su legado, los reyes serían humillados, burlados y ridiculizados. Ellos lo sabían y Gedeón también. No solo los quería muertos, los quería desgraciados.

La maldad de Gedeón hacia sus compatriotas y luego hacia estos reyes muestra un creciente patrón de acciones vengativas que ya no tienen su raíz en la voluntad divina. Ahora Gedeón estaba operando por sí mismo, reaccionando a la acción o a la falta de acción de otros en lugar de seguir fielmente las instrucciones de Jehová. Las fichas del dominó estaban cayendo y Gedeón estaba atrapado en la caída.

EL VÍNCULO PERDIDO

Gedeón pudo haber evitado este efecto dominó. Y también nosotros podemos evitarlo.

¿Qué hubiera podido mantener a Gedeón en el camino correcto?

El Señor no había vuelto a hablar desde que Gedeón probó la victoria en la batalla por primera vez. Lo que es más desalentador, Gedeón no le había pedido que lo hiciera. La conversación constante que una vez fuera indicio de su relación se había desvanecido. Intimidad. Comunión. Conversación. Si algo estaba ausente de la experiencia de Gedeón con Jehová, era esto.

¿Cómo la confianza y el éxito pueden convertirse en el enemigo de nuestra comunión con Dios?

¿Recuerda con qué frecuencia y anhelo buscaba Gedeón la dirección divina al comienzo de esta historia? Cuando estaba lleno de incertidumbre acerca de sí mismo y de sus circunstancias, estaba desesperado, era diligente y constante en su conversación con Jehová. Pero ahora está descuidando aquello que le dio confianza. Continuar una comunión vibrante con Dios lo habría mantenido en el curso del propósito divino.

Haga un inventario personal: ¿Cómo se afecta su relación con Dios cuando se siente débil e inseguro acerca de usted mismo o de una tarea? ¿Cómo se afecta cuando está confiado y seguro?

Buscar a Dios y su voluntad tiene que ser nuestro deseo y aspiración constantes, incluso después que hayamos comenzado a ver la demostración de su fortaleza en nuestras vidas. De otra manera, nos sumergiremos en el impulso de la aprobación humana, la conveniencia momentánea, los deseos personales o las ambiciones equivocadas. Cuando los dominós de la vida se presentan, nuestro nivel de estabilidad será igual a nuestro nivel de comunión con el Padre.

Piense en Jesús. Después de todo, no hay mejor ilustración de alguien que permaneció fiel a la tarea que estaba en sus manos.

> ¿Cómo la comunicación de Jesús con el Padre pudo mantenerlo en el camino correcto (Marcos 1.35-38)? ¿Cómo influyó en sus decisiones acerca de lo que debía hacer?

Fíate de Jehová de todo tu corazón, y no te apoyes en tu propia prudencia. Reconócelo en todos tus caminos, y él enderezará tus veredas.
Proverbios 3.5-6

Jesús estaba decidido a hacer la voluntad del Padre y nada más. De modo que, con determinación y fidelidad, acudió al Padre en busca de dirección y luego permaneció fiel a los propósitos divinos para los que había sido enviado, aunque esto significara decepcionar a una multitud de personas para lograrlo.

A mí me hace falta aprender la lección de Él. ¿Y a usted?

Termine esta semana de estudio bíblico volviendo a pensar en el camino que ha tomado la historia de Gedeón. Tome nota de los dominós que cayeron en cada lección de esta semana y cómo, con el tiempo, causaron que Gedeón se saliera de su curso. Considere en oración qué está sucediendo en su vida en este momento y luego haga el compromiso de permanecer fiel en su conversación con Dios y a su dependencia de Él. La valentía, la dirección y el favor que recibirá producto de una relación fresca con el Salvador es exactamente lo que necesitará para mantenerse en el camino.

Ese es un impulso en el que es bueno que nos encontremos.

SEMANA 6

NINGÚN OTRO DIOS

Todos los años mi familia se va a Tyler, al este de Texas, para pasar una semana en el campamento Pine Cove. He ido a Pine Cove casi cada verano de mi vida, desde que tenía cinco años. Ahora mis hijos también lo anhelan, siete días llenos de las mismas actividades cristianas y aventuras de mi niñez que con tanta claridad recuerdo.

El tiempo vuela cuando estamos inmersos en toda la diversión de la vida en el campamento. Las piscinas, canoas, varas de pescar y fogatas consumen nuestras horas (y la energía de los adultos que se desvanece) por cada día lleno de emoción. Sin darnos cuenta llega el momento de empacar para regresar a casa.

El año pasado, cuando ya llevábamos cinco días, mi hijo mayor se me acercó con una expresión sombría, lamentándose por lo rápido que estaba yéndose su tan esperada semana en el campamento. No podía creer que solo nos quedaran dos días. Cuando terminó su melancólico discurso, literalmente las lágrimas le corrían por las mejillas.

Mientras yo se las secaba, le dije: "Cariño, todavía no hemos terminado. Te quedan dos días. No te pierdas la emoción de lo que todavía falta.

Bueno, hermanos, aquí ya estamos en los días finales de nuestro estudio del viejo Gedeón. Al empezar, estas seis semanas nos parecían un interminable mar de posibilidades. Ahora estamos llegando juntos a la meta, pero todavía no hemos acabado. ¡No se pierda todo lo que Dios tiene para usted en esta última semana! Vuelva a comprometerse con la travesía, incluso ahora.

¿Ya tiene su Biblia y su bolígrafo listos? Tómelos y vamos a explorar juntos.

LA ENTREVISTA

Vamos a comenzar con una entrevista. Imagine estar sentado conmigo con dos cafés humeantes delante. Yo le haré las preguntas y saborearé mi café mientras usted piensa en sus respuestas. Tómese su tiempo y cuando esté listo, escriba sus respuestas debajo. Mencione en cada pregunta cualquier hábito, deseo, persona o actividad que encaje con la pregunta.

¿Tiene usted que transigir en sus convicciones para satisfacer a alguna persona?

Cuando va a tomar decisiones, ¿existe alguna otra cosa de mayor peso que la voz del Espíritu Santo?

¿Le resulta difícil estar contento, alegre o agradecido sin algo?

¿Existe algo a lo que no puede decir que no aunque Dios le pida que lo haga?

¿Acude usted a algo de forma automática cuando se siente infeliz?

Cuando surgen los problemas, ¿ su mente de inmediato se centra en algo a manera de solución?

Ahora, respire profundo, disfrute un sorbo de su café antes que se le enfríe y vuelva a poner su atención en la historia de Gedeón. Las respuestas anteriores nos van a ayudar a "lidiar" con los detalles de una manera muy personal.

Defina la palabra ídolo con sus palabras.

REYES Y COSAS

Si yo llego a su casa sin avisar, es probable que no encuentre ninguna imagen tallada en su patio ni junto al fregadero. Es probable que usted ni siquiera use la palabra ídolo o idolatría en una conversación normal. Estas evocan pensamientos de tiempos antiguos, cosas que no están en nuestra realidad actual. Pero hoy día la idolatría sigue bien viva, no importa con qué terminología moderna la definamos. La idolatría modernizada sigue siendo idolatría.

En el margen, subraye las palabras o frases del versículo que le llamen la atención.

> Y los israelitas dijeron a Gedeón: Sé nuestro señor, tú, y tu hijo, y tu nieto; pues que nos has librado de mano de Madián.
> Jueces 8.22

Aquí, casi al final de la historia de Gedeón, Israel le ofrece una corona y Gedeón la rechaza. Estas dos acciones son rieles paralelos sobre una línea de ferrocarril que lleva a un destino devastador. En los próximos días nuestro estudio nos obligará a viajar por cada uno de ellos. Al hacerlo, tendremos una perspectiva única de un dilema espiritual que en la actualidad tiene las mismas graves consecuencias.

Israel le ofrece una corona a GEdeón.

Gedeón rechaza la corona.

Por ahora, vamos a plantar con firmeza nuestros pies espirituales en el carril de Israel para ver a dónde nos conduce. Incluso, antes que le pidieran a Gedeón que los gobernara, ya hacía tiempo que Israel estaba viajando por su propio carril. Sus lealtades extraviada y su deseo mal encausado de liderazgo están presentes en todo el libro de Jueces. Ellos tenían un patrón para buscar alternativas visibles para su soberano invisible. (¿Recuerda el Principio de la liberación en la página 13?)

Piense: ¿Cuál era el ídolo predilecto de Israel cuando comenzó la historia de Gedeón (Jueces 6.25)?

Ya que una imagen tallada podía verse, tocarse y confinarse, a los hebreos les resultaba más fácil relacionarse con el ídolo que con el único Dios verdadero. Así que le dieron al ídolo la hesed (lealtad) que por derecho le pertenecía al Señor. En esencia, esto es un ídolo: *cualquier cosa en el reino de lo visible y lo creado que empieza a desempeñar un papel que se debe reservar para Dios.*

¿De qué manera es esta definición diferente y/o similar a lo que usted escribió primero?

La idolatría modernizada sigue siendo idolatría.

139

¿Cómo encaja en esta categoría el culto ilegítimo de Israel a Baal y su deseo de hacer rey a Gedeón?

Revise sus respuestas de la entrevista. Marque cualquiera que se ajuste a la definición de un ídolo

Para comentar en grupo: Comenten esta afirmación: "no somos seres humanos que tienen una experiencia espiritual; somos seres espirituales que tenemos una experiencia humana". ¿Cómo encaja esto con su definición de ídolo?

Al igual que el antiguo Israel, a menudo aceptamos alternativas visibles que dividen nuestra lealtad a nuestro invisible pero fiel soberano. Cuando podemos ir a la ventana de comida rápida y conseguirla, levantar el teléfono para hacer un pedido, encender la televisión para verla, correr al centro comercial para comprar o acurrucarnos en el sofá, se vuelve más fácil de elegir que Dios.

Israel eligió a Baal al comienzo de la historia de Gedeón, pero luego buscó un gobernante humano al final de la misma. Uno era una imagen, el otro un ser humano; diferentes, pero la misma cosa. Ambos tenían la intención de tomar la posición de autoridad sobre el pueblo y ambos hicieron una grieta en la lealtad del pueblo a Jehová.

Ambos eran ídolos que llevaron al pueblo a la idolatría.

¿Qué tal si fuéramos honestos acerca de aquello con lo que realmente estamos tratando? Llamemos ídolo a lo que es un ídolo, y luego limpiemos los corazones para volver a la relación con Dios para la cual fuimos creados. ¿Está de acuerdo?

Profesando ser sabios, se hicieron necios, y cambiaron la gloria del Dios incorruptible en semejanza de imagen de hombre corruptible. Romanos 1.22-23

Considere Romanos 1.22-23. ¿Cómo ha visto usted este "cambio" produciéndose en su vida? ¿Cuál ha sido el resultado del mismo?

LLÁMELO POR SU NOMBRE

Ya que nunca antes Israel tuvo su propio rey, el concepto de sucesión hereditaria era un prototipo que había presenciado en las naciones paganas.

Los líderes de Israel que vinieron a Gedeón con esta propuesta nunca realmente utilizaron la palabra hebrea para rey (melek). De hecho, parecían esforzarse para no hacerlo. Sin embargo, ninguna cantidad de acrobacias lingüísticas pudo disimular su intención. La descripción del trabajo era clara: querían que Gedeón gobernara, y querían establecer un acuerdo de sucesión hereditaria, una dinastía para asegurar que sus hijos gobernarían después de él. Ellos no dicen "rey" con claridad, pero eso es exactamente lo que querían que fuera Gedeón.

¿Por qué cree usted que los líderes de Israel pudieran deliberadamente haber optado por no usar la palabra melek en su propuesta?

¿Le resulta difícil usar la palabra ídolo en relación con cualquier cosa en su vida? Si es así, ¿por qué?

Es mucho más fácil intercambiar este duro término de ídolo por términos más ligeros, menos ásperos, que sean más suaves para los oídos y menos condenatorios para el corazón. Los llamamos malos hábitos, problemas, obsesiones, antojos. Con cuidado, con astucia, evitamos decir ídolo, al igual que los líderes de Israel navegando alrededor de la palabra melek. Pero, así como Israel realmente no engañó a nadie, nosotros tampoco.

Esta semana vamos a permitir que el Espíritu Santo devele la estatua horrorosa de la idolatría que está por debajo del manto de frases suaves y dulces que le hemos puesto encima. Tal vez cause un poco de agitación emocional, pero cada gota de la libertad que ganaremos hará que cada paso valga la pena.

Dado que la lección de hoy sirve como plataforma de lanzamiento para todo nuestro estudio de esta semana, considere las preguntas de la entrevista. Si algunas fueron muy difíciles de responder o si tiene algo más que añadir o cambiar, regrese y tome notas que le ayuden a sacar el máximo provecho de nuestros últimos días de este estudio.

DE BUENO A MALO, DE MAL EN PEOR

Nunca he estado en la India, pero un día espero ver esta lejana y hermosa tierra. Mis padres lo han hecho. Ellos viajaron a Nueva Delhi varias veces durante mi adolescencia. De cada viaje regresaban con hermosas baratijas muy adornadas para regalarnos a mis hermanos y a mí, así como con algunas historias coloridas que podíamos atesorar en nuestros corazones.

Recuerdo haber oído de las vacas de la India. Al parecer, estaban por todas partes: en los patios, junto a la carretera, en la carretera. Estos animales, venerado como el animal sagrado de la religión hindú, pastan y vagan a su antojo.

Tenemos vacas en mi barrio. Justo a la vuelta de la esquina de nuestra casa hay un potrero que tiene unas cuantas vacas enormes que mis hijos disfrutan contemplándolas. A mi esposo también le gustan las vacas cuando están cocinadas término medio junto con una papa asada.

Sí, a los Shirers les gustan las vacas. No hay nada malo en esto. Pero hasta las cosas buenas se vuelven malas cuando se elevan a una posición ilegítima.

DE BUENO A MALO

"Y los israelitas dijeron a Gedeón: Sé nuestro señor, tú, y tu hijo, y tu nieto; pues que nos has librado de mano de Madián".
Jueces 8.22

Una palabra clave en Jueces 8.22 nos ayudará a identificar los ídolos en nuestras vidas. Aunque Israel nunca usó la palabra melek, sí le pidieron a Gedeón que gobernara. Esto nos da una pista sobre uno de los factores cruciales en la idolatría. Los ídolos nos controlan y se sientan en el trono de autoridad máxima en nuestras vidas. Quién o qué gobierne, no importa cómo lo llamemos, sin dudas es rey.

Pero, ¿esto solo se refiere a las cuestiones de adicción, inmoralidad y decadencia? ¿Son estas las únicas cosas que pueden ser ídolos?

Recuerde la definición de ídolo en nuestro estudio de ayer. ¿Cómo explica usted la importancia de la frase cualquier cosa en esa definición?

Eso hace que prestemos atención, ¿no es así? Todo lo incluye todo, hasta los dones que Dios nos ha dado pueden ocupar las posiciones equivocadas en nuestras vidas. De hecho, las cosas intrínsecamente buenas a menudo pueden ser las más dañinas porque son las más solapadas. Nos hacen bajar la guardia y relajar nuestras defensas. Las descuidamos en nuestras vidas, bajo una apariencia de bondad, hasta que se elevan a una posición inadecuada de poder.

- Una carrera exitosa es algo bueno hasta que usted está dispuesto a transigir sus valores para mantenerla.
- Un compromiso es algo bueno hasta que esa persona consuma toda su atención.
- Una jugosa cuenta de banco es algo bueno, incluso es una bendición de Dios hasta que se convierte en su fuente de seguridad.
- Su pasatiempo es una fuente de entretenimiento hasta que sea lo único en lo que usted piensa y para lo único que tenga tiempo.

A la luz de esto, considere la relación de Israel con Gedeón. ¿Cómo pasó de algo bueno a algo malo?

De sus respuestas de la entrevista de ayer, elija dos cosas intrínsecamente buenas y menciónelas aquí.

Estos son otros ejemplos. Subraye en cada uno el comportamiento positivo, luego encierre en un círculo el momento en que se convierte en inapropiado o negativo. Escriba en cada uno cómo se puede ver un atisbo de esto en su vida.

1. Cristal disfruta mordisquear delicias que nutren su cuerpo y deleitar sus papilas gustativas. Pero poco a poco la está dominando el deseo de comer. Ahora no puede dejar pasar una golosina sin llevar las manos a la boca, aunque su estómago esté lleno hasta el tope y solo le falte un bocado para sentirse enferma.

_____

_____

2. Michelle solía disfrutar ir de compras. Un paseo ocasional por el centro comercial le ayudaba a relajarse y descansar.

Últimamente se ha vuelto obsesiva, como cuando la tienda no tiene un suéter que quiere en su talla. Ella solía ser capaz de irse, pero ahora llama frenéticamente a otras tiendas y busca en internet hasta encontrarlo. Sus pensamientos solo giran alrededor de tenerlo. Cuando lo encuentra, si lo encuentra, lo compra sin tomar en cuenta su tarjeta de crédito. Lo pagará más adelante. Siempre lo ha hecho.

_____

_____

3. Laura está saliendo con alguien. ¡Ya era hora! Está siendo cortejada. El tercer día, entre la cena y el postre, el Espíritu Santo comienza a hablarle a su corazón. La conducta de su pretendiente no armoniza con Dios. Pero en lugar de decirle que su tiempo juntos no puede continuar, ella guardó silencio porque la seducía la posibilidad de una boda. Nos hace sentir muy bien que nos adoren, nos inviten a salir y nos sonrían de esa manera. Así que ella siguió adelante una cita más, un mes más, un año más.

_____

_____

4. El programa de televisión favorito de María dio un cambio brusco en cuanto a las cosas espirituales, a tal punto que durante la última temporada fue ofensivo. Sin embargo, a pesar de su disgusto, ella no puede imaginar no ver la próxima temporada. El horario de deportes de sus hijos coincide con el del programa, por lo que programa su DVR para grabar cada episodio. Cuando los niños están acostados, ella se acurruca con su manta. El Espíritu Santo le habla, pero ella de todos modos sigue viendo el programa.

_____

_____

Anote las maneras en que usted considera que estas cosas se han convertido en "soberanos" de las vidas de estas personas.

Las dos cosas buenas que usted eligió en su entrevista, ¿han comenzado a asumir un papel ilegítimo de autoridad en su vida? Si es así, ¿cómo?

La ropa que nos gusta, los alimentos que necesitamos, las relaciones que deseamos, el entretenimiento que nos gusta, aunque no son malos en sí mismos, pueden llegar a convertirse en soberanos, dándonos órdenes y alejándonos de los planes de Dios. Nos dicen qué hacer, cuándo hacerlo y cómo hacerlo. Pronto nos miramos en el espejo y vemos a una persona que ni siquiera reconocemos. Alguien que va en contra de su razón, sus principios, y lo más devastador, el suave convencimiento del Espíritu de Dios. Está encadenada a las mismas cosas que antes disfrutaba. Ya Dios no es la máxima autoridad en su vida.

DE MAL EN PEOR

Sí, las cosas buenas pueden volverse malas, pero las cosas malas también pueden ponerse peor. Y lo harán. Hay dos cosas que la idolatría no es: neutral ni estancada. Los pecados que contemplamos, las influencias negativas a las que damos cabida y los malos hábitos que permitimos que se conviertan en cadenas que nos impiden una vida victoriosa.

Echemos un vistazo a la historia de Israel para tener una mejor idea de esto. Lea un pasaje muy conocido, Éxodo 32.1-5. Conteste las preguntas siguientes.

1. ¿Qué quería Israel que se hiciera?

2. ¿Qué circunstancias les llevaron a quererlo?

3. ¿A quién le pidieron que lo hiciera?

Mientras Moisés estaba en el monte conversando con Jehová a favor de ellos, el pueblo cometió un horrendo pecado que estropearía la experiencia del Sinaí. En lugar de esperar pacientemente que regresara su líder con los propósitos y planes de Dios, decidieron pedir a Aarón, el que pronto

> Aconteció que la misma noche le dijo Jehová: Toma un toro del hato de tu padre, el segundo toro de siete años, y derriba el altar de Baal que tu padre tiene, y corta también la imagen de Asera que está junto a él; y edifica altar a Jehová tu Dios en la cumbre de este peñasco en lugar conveniente; y tomando el segundo toro, sacrifícalo en holocausto con la madera de la imagen de Asera que habrás cortado.
> Jueces 6.25-26

sería sumo sacerdote, que les inventara un dios. Un siglo y medio antes del tiempo de Gedeón, cambiaron al Dios verdadero e invisible por un sustituto visible. Un ternero.

Ahora, vamos a hacer un paralelo entre la debacle de Éxodo 32 y lo primero que descubrimos que las personas adoran en Jueces 6.25-26.

Compare los pasajes. ¿Qué relación encuentra?

Los toros y los terneros eran los animales del culto de adoración a Baal. Que el toro tuviera siete años lleva nuestra atención a dos cosas: la madurez de la criatura y la cantidad de años que Israel había sufrido bajo la opresión madianita. No era un ternero, era un animal adulto, maduro. No era una imagen sin vida, sino un toro que estaba vivo.

Lo que comenzó como un ternero inanimado e incipiente en la época de Moisés maduró hasta convertirse en un toro vivo en el tiempo de los jueces. En lugar de adorar a un animal joven e inmóvil, el pueblo redimido de Dios había pasado a venerar a un animal adulto, vivo, que bufaba.

¿Qué le sugiere a usted esta evolución en cuanto al potencial de la idolatría en nuestras vidas?

La idolatría nunca se queda pequeña. Lo que parece pequeño crecerá mucho más allá de lo que primero imaginamos. No disminuirá ni se retirará. Si se descuida, crecerá y madurará al punto que su control esté más allá de lo que jamás pensamos. Los terneros se vuelven toros. Nunca lo olvide.

¿Cuáles de sus respuestas a la entrevista son un testamento del principio de mal en peor que acabamos de tratar aquí?

Hermanos, montar la guardia contra la idolatría requiere que le prestemos atención incluso a las cosas buenas en nuestras vidas, manteniéndolas equilibradas bajo la autoridad y el control de nuestro Dios. Del mismo modo hay que montar guardia en contra de los pecados y obstáculos que nos roban la vida abundante que se nos ha dado. Hacerlo nos liberará. Y nos mantendrá de esa manera.

DÍA 3
SENTIRSE BIEN

Las emociones no tienen intelecto. No piensan con claridad ni sensatez. No pueden tomar las mejores decisiones ni orientarle en la dirección más adecuada. Solo quieren que se les calme y se les mime, que se les aplaque y se les apacigüe. Así que rara vez nos conviene seguir nuestros sentimientos sin utilizar ningún otro barómetro para evaluar nuestro proceso para tomar decisiones.

Estoy segura que cada uno de nosotros podría contar historias personales de ocasiones en las que nuestros sentimientos nos llevaron por un mal camino; la soledad, como un dolor interno, nos llevó a una relación inmoral. Cómo los celos llevaron a una persona a ser alguien que solo actúa para complacer a otros. Cómo el miedo llevó a la dilación. Cómo tapamos en nuestros corazones el agujero, con forma de Dios, con un sustituto porque sentimos que era lo correcto.

Mantenga aquí su dedo y regrese de nuevo a sus respuestas a la entrevista. ¿Cuáles se originaron en un momento de dolor o vacío en su vida?

Muchos de nuestros traumas con los ídolos comienzan de esa manera, en lugares enlodados por las dificultades emocionales. Pero si usted vuelve a regresar al campamento de Israel, por la base del monte Sinaí, verá que las emociones negativas no son la única clase de emoción que puede conducirnos al adulterio espiritual.

DEL LADO DE LA VICTORIA

En los casi dieciocho meses desde que Israel salió de Egipto, los hebreos habían visto a Jehová moverse de manera milagrosa. Los capítulos previos al Sinaí son como un libro que se titulara Los mejores recuerdos del desierto. Si se fija bien, notará que el triste incidente con el becerro de oro se produjo durante un momento culminante en su viaje por el desierto.

GEDEÓN

Abra su Biblia en los siguientes capítulos de Éxodo, explore el tema (solo fíjese en el título del capítulo), y complete los espacios en blanco.

Capítulo 14: Dios dividió el _____ y el pueblo escapó por un escaso margen _____.

Capítulo 16: Dios proveyó _____ y carne para que su pueblo no tuviera hambre.

Capítulo 17: Dios proveyó _____ para saciar su sed y les dio una victoria maravillosa sobre _____.

Capítulo 19: Con mucha gentileza Dios comenzó a dar a su líder los diez _____ y delineó la ley para su pueblo.

Para comentar en grupo: Los hebreos pidieron el becerro de oro cuando se cansaron de esperar que Jehová y Moisés terminaran la conversación en la montaña. ¿Cómo la impaciencia juega un papel en la idolatría en la vida de los creyentes de hoy?

El pueblo de Dios había probado la bondad de su Redentor de una manera notable. Israel estaba experimentando una alegría y libertad que no habían conocido en siglos. En medio de este aumento emocional y nacional ellos, bueno, le dieron su lealtad a otro dios.

No, las emociones, ni siquiera las buenas, le llevarán por un buen camino.

¿Cómo los logros, la prosperidad y el éxito pueden contribuir a una mala dirección en la lealtad?

Vemos que este mismo patrón se presenta en la época de Gedeón. Casi parecía admirable que Israel quisiera un rey y que Gedeón fuera ese rey que ellos querían. Casi. Las tribus habían estado divididas durante décadas. Ahora, atrapados en la corriente de la fiesta nacional, deseaban unirse bajo un solo líder, un heroico líder a quien Dios había llamado a salir de la oscuridad. Así que tal vez, solo tal vez, podamos encontrar algo que admirar en su petición, ¿verdad? Después de todo, las cosas iban muy bien.

Identifique al menos dos detalles que pueda recordar de la forma en que Israel vio la mano de Dios a favor de su petición de tener un rey (Jueces 7—8).
1.
2.

Cuando Gedeón le quitó la espada a su tímido hijo en aquel día final y fatídico (Jueces 8.21) y mató a los líderes de Madián, la victoria de Israel quedó sellada. Una ola de felicitaciones nacionales barrió el país. Su entusiasmo los llevó a tomar la decisión precipitada de pedirle a Gedeón que los gobernara.

Las emociones, ni siquiera las buenas, nos llevan por buen camino.

> **Regrese de nuevo a la entrevista. ¿Qué decisiones se originaron en una época marcada por la felicidad, el éxito o la alegría?**

Sí, los enormes vacíos en nuestros corazones pueden llevar a la idolatría, pero la moneda emocional tiene otra cara que no puede pasarse por alto: el lado bueno cuando nos sentimos muy seguros, muy convencidos que tomamos decisiones apresuradas e irreflexivas solo porque en el momento nos hace sentir bien. Si no estamos atentos, podemos quedar atrapados en una corriente de confianza en uno mismo que nos arrastrará a un profundo océano de idolatría.

EL PADRE SABE LO QUE ES MEJOR

Israel era un bebé emocional, incapaz de acorralar sus sentimientos (positivos y negativos), incapaz de tomar decisiones sabias o mantener su lealtad. Jehová sabía esto de su amada nación, así que un siglo y medio antes tomó medidas al respecto.

> **Lea Deuteronomio 17.14-15a, donde el Señor predice el deseo del pueblo de tener un rey.**
> **1. ¿Por qué Israel quiere un rey?**
>
> **2. ¿Cómo se esperaba que se escogiera a este rey?**
>
> **Según nuestro estudio de hoy, ¿por qué era tan importante que Jehová hiciera la selección?**

La primera opción de Dios nunca fue que una autoridad humana gobernara a Israel. Ellos no serían como las otras naciones. Pero si debido a su obstinación escogían tener un rey terrenal, entonces se suponía que fuera Jehová quien lo eligiera.

Si Él escogía el líder de la nación, entonces Él seguiría siendo la máxima autoridad. El rey estaría bajo su liderazgo y podría rendir cuentas por los requisitos divinos (Dt. 17.16-20). Pero si Israel lo escogía, con el paso del tiempo el mismo Dios se perdería bajo un montón de burocracia política. Este nuevo rey recibiría el crédito por su éxito como nación y recabaría el puesto de autoridad que por derecho le pertenecía al Señor. Al final, como se ve en el caso del liderazgo del rey Saúl, los llevarían a alejarse de Dios.

Durante todo este segmento de la historia se omite por completo la voz de Jehová. En su ávido deseo de una figura de autoridad, ellos se olvidaron de la que ya tenían. No importa qué tan consecuente y sincera fuera su propuesta, su falta de disposición para buscar y esperar por la dirección de Dios era un paso en una dirección equivocada. Se habían dejado arrastrar por la fanfarria de triunfo y seleccionaron a su propio líder sin el consejo de Jehová. Sus emociones no los llevaron por un buen camino.

DEMASIADO RÁPIDO, DEMASIADO PRONTO

A ti, oh Jehová, levantaré mi alma. Dios mío, en ti confío. Salmos 25.1-2

Es mi oración que usted haya recibido aliento de la forma en que nuestras debilidades, cuando se presentan a Dios, pueden aprovecharse como manifestaciones de Su fuerza. Pero tenga cuidado: nuestro entusiasmo y celo por lo que Dios hace pueden llevarnos por un mal camino con tanta rapidez como cualquier dolor o malestar lo pudieran hacer.

La adversidad y la prosperidad, dos estaciones diferentes en la vida. Y, sin embargo, ambas pueden provocar las mismas respuestas, decisiones y dependencias inapropiadas. Así que cuando Dios provee milagrosamente para nosotros, debemos cuidarnos de nuestra tendencia a dar crédito y lealtad a otro.

Aquí están algunas sugerencias para ayudarle. Lea los principios y pasajes que les acompañan. Luego anote cómo le hablan a usted.

1. Determine su tendencia. Pídale al Señor que claramente le muestre a qué acude usted en busca de consuelo, aceptación, aprobación y conexión durante los buenos (y los malos) tiempos de su vida.

"Ponme a prueba, Señor, e interrógame; examina mis intenciones y mi corazón" (Salmos 26.2, NTV).

2. Reestructure sus alianzas. Vuelva a comprometerse con una vida centrada en Dios en la que usted reconozca y busque a Dios constantemente antes de volverse a otras cosas o personas en busca de aprobación o aceptación.

"Busquen el reino de Dios por encima de todo lo demás, y Él les dará todo lo que necesiten" (Lucas 12.31, NTV).

_____

_____

_____

3. Reacomode sus prioridades. Niéguese a permitirse pasiones inadecuadas. Reestructure su vida para eliminar los ídolos que se hayan convertido en sus actividades o relaciones prioritarias. Establezca un límite y rinda cuentas para no perder el rumbo.

"Si, pues, habéis resucitado con Cristo, buscad las cosas de arriba, donde está Cristo sentado a la diestra de Dios. Poned la mira en las cosas de arriba, no en las de la tierra" (Colosenses 3.1-2).

_____

_____

_____

¿Cómo sería si durante esta semana usted implementara estos tres principios en su vida?

MI PROBLEMA

Creo que ya nos conocemos bastante bien como para ser honesta con usted acerca de algo. No me juzgue, ¿está bien?

En más ocasiones en mi vida de las que me gustaría admitir, dejé un ídolo o dos escondidos en mi corazón mucho después que el Espíritu de Dios me mostrara que estaban allí. En lugar de lidiar con ellos, me quedé callada y seguí adelante como si todo estuviera en orden, haciendo mi mejor esfuerzo para obviarlo y dejar atrás la convicción que sentía. Sabía que abrirme para eliminarlos requeriría una transformación incómoda con la que no quería lidiar en ese momento. Así que no lo hice.

Amigos míos, lidiar con uno mismo requiere valor, una audacia que escapa a algunas personas hasta llegar a la tumba. Así que permítame decirle que estoy orgullosa de usted. Juntos hemos caminado de manera constante y valiente por el carril de Israel. No hemos caminado con cuidado, de puntillas, con la esperanza de saltar antes que el Espíritu Santo se diera cuenta que estábamos allí. Esta semana hemos marchado resueltamente durante tres días. El hecho de que todavía hoy usted haya abierto el libro significa que no está bromeando.

Así que, ¡bravo, amigo mío! ¡Bravo! Hoy y mañana seguiremos en la misma dirección, pero vamos a hacerlo por el carril de Gedeón. Si usted me acompaña verá que el punto de vista de Gedeón nos dará una perspectiva más sutil.

El problema de Israel fue hacer un ídolo de alguien. El problema de Gedeón fue hacer un ídolo de sí mismo.

APROBACIÓN DEL CRÉDITO

¿Alguna vez ha recibido en su buzón uno de esos sobres blancos brillantes de una compañía de tarjetas de crédito junto con otros materiales de correo no deseados? Su nombre está escrito al frente, junto con las palabras "Usted ha sido pre-aprobado".

Le están ofreciendo una línea de crédito que usted nunca pensó que podría pedir, le ofrecen estatus y prominencia. Usted acepta la idea incluso antes de llegar de nuevo a su puerta. El brillo de las letras grandes no le deja ver las letras pequeñas, los detalles que hoy prefiere obviar. Así que acepta el crédito. Además del asombroso interés que le acompaña.

Mire el pasaje en el margen. ¿A qué le dice Gedeón claramente que no?

¿A qué parte de la declaración de ellos él no hace referencia?

Ya que Gedeón ha sido muy franco en todo este capítulo, ¿qué implica esta omisión?

> Y los israelitas dijeron a Gedeón: "Sé nuestro señor, tú, y tu hijo, y tu nieto; pues que nos has librado de mano de Madián". Mas Gedeón respondió: "No seré señor sobre vosotros, ni mi hijo os señoreará: Jehová señoreará sobre vosotros".
> Jueces 8.22-23

A veces anunciamos un mensaje mucho más evidente con lo que no decimos que con lo que hacemos. Las acciones pueden decir más que las palabras, pero la falta de acción también dice mucho. Como cuando le pedí a mi esposo su aprobación acerca de una ropa que yo había escogido con mucho cuidado. Él me miró sin expresión alguna antes de girar sobre sus talones e irse hacia la puerta. Y allí me quedé yo, con mi pose robotizada de modelo. Aunque no dijo ni una palabra, dejó bien en claro lo que pensaba acerca de mi elección. De hecho, fue muy claro porque no dijo ni una palabra.

Israel le dio la gloria de Dios a Gedeón: "pues que nos has librado de mano de Madián" (v. 22). Ciego por el reconocimiento, gracias al afecto de ellos, Gedeón ignoró las letras pequeñas del contrato. No dijo ni una palabra, pero firmó en la línea y aceptó el crédito que no se había ganado o que en realidad no se podía permitir. Fue una decisión que, al final, les costaría mucho a todos.

¿Cómo tiende usted a lidiar con la admiración de otros?
☐ la acepta
☐ la desvía
☐ trata de evadirla
☐ otro _____

¿Cuáles, si los hubiera, son los elementos positivos y negativos de esta respuesta?

El reconocimiento de los demás con toda seguridad le llegará a medida que Dios muestre Su fuerza en su debilidad. Su obra casi siempre genera este tipo de respuesta. Así que quiero que me escuche con claridad: no hay nada malo en que la gente celebre y honre la obra que Dios ha hecho por medio de usted, o cuando se honra en otros. Lo importante es lo que usted hace con ese reconocimiento. Lo crucial es qué lugar ocupa en su corazón y su mente.

Evitar un cumplido no es siempre la mejor reacción. Una aceptación sincera del elogio de alguien es en realidad más amable que la falsa humildad al evitarlo de manera artificial.

Ambos extremos se deben matizar con un agradecimiento auténtico, así como algo que Gedeón omite: una reorientación deliberada e intencional de la atención del admirador a Aquel que verdaderamente se merece el aplauso. Cuando de una manera atrevida nos olvidamos de acreditar a Dios como la fuente de nuestro éxito, empezamos, aunque sin darnos cuenta, a asumir el trono que a Él le corresponde. Déjeme decirle, que el trono viene con un alto precio de la responsabilidad que solo Dios mismo tiene los medios para cubrir.

En oración, escriba el Salmo 115.1.

Enumere algunas maneras prácticas en las que usted puede vivir este versículo.

Una conversación acerca de la idolatría normalmente nos obliga a mirar a las personas o cosas externas que pueden estar fuera de lugar en nuestras vidas. El carril de Gedeón nos invita a dar un enfoque más discreto e introspectivo. ¿Podría ser que seamos nuestros propios ídolos? A continuación cuatro indicadores de autoidolatría.

1. ¿Le ofrezco el crédito y reconocimiento a Dios, o lo reservo para mí, aunque sea en secreto?
2. ¿Le doy más valor a mi propia lógica que a la Palabra de Dios?
3. ¿Me apasiona más alcanzar mi propia comodidad que la misión de Dios para mi vida?
4. ¿Me veo tentado a acomodar el cristianismo al hacer mis propias reglas y parámetros para relacionarme con Dios en lugar de relacionarme con Él según sus términos?

Revise estos cuatro indicadores cuidadosamente. Marque las porciones que se destacan en su caso. ¿Con qué se identifica más y por qué?

ALTO Y CLARO

La negativa de Gedeón a ser rey se ha señalado como uno de los incidentes más nobles en toda la Biblia. Pocos habrían rechazado la oferta de un puesto de tan alta estima con todos sus beneficios personales y la provisión generacional. Sin embargo, sus actos cuentan una historia completamente diferente. Escondida, detrás de su rechazo verbal, encontramos una agenda secreta que huele a un ego inflado y una completa dosis de autogratificación.

> **Considere cada uno de los siguientes versículos de Jueces 8 y complete cada oración.**
>
> **8.21—Gedeón tomó …**
>
> **8.24—Gedeón pidió …**
>
> **8.27—Gedeón creó …**
>
> **8.30—Gedeón tuvo …**
>
> **8.30—Gedeón también tuvo …**
>
> **8.31—Gedeón llamó a su hijo …**

Cada una de estas acciones señalan el corazón de un hombre que se había convertido en su propio jefe. No tomó cualquier adorno. Seducido y atraído por el simbolismo de la influencia y el poder, tomó solo los usados por los reyes. Él no dijo ser el rey, pero sería el dueño de joyas que lo clasificaban como tal.

La ofrenda de 1,700 siclos (o 19 ½ kilos de oro) que se le dio a Gedeón implicaba un tesoro parab la realeza, era un regalo colosal y ni siquiera incluía el otro adorno real ni las ropas que le quitaron a los reyes de Madián.

Cuando solicitó a sus parientes una parte del botín de guerra, asumió una posición de autoridad nacional. Los regalos de estos fueron un gesto simbólico de su sumisión. Luego usó la lujosa ofrenda para construir una imagen que era una afrenta a los parámetros para el culto que Jehová estableció. Se convirtió en una trampa para toda la nación.

La vida familiar de Gedeón también le incriminaba. El harén y la crianza de los hijos de Gedeón requerían las riquezas que normalmente solo acompañan la posición de un rey. El simple hecho de tener 70 hijos (por no hablar de las hijas) es un indicio claro de que estaba en una buena situación. Por último, si todavía alguien dudaba que Gedeón estaba en la cima de la jerarquía israelita, él eliminó esas dudas al darle a su hijo el nombre Abimelec: "mi padre, un rey". ¿Ve usted el melek en el nombre?

Encierre en un círculo cualquier acción de los párrafos anteriores que encaje en uno de los cuatro indicadores de autoidolatría de la página 154. Explique la relación entre ellos.

Verbalmente Gedeón rechazó el título, pero vivía de un modo que revelaba que había asumido el cargo. Es fácil decir que el Señor es nuestro Rey, pero nuestras acciones contarán la verdadera historia. ¿Estamos sometidos a su autoridad? ¿Cumplimos con sus normas? ¿Le damos crédito por nuestros éxitos?

Pase las próximas veinticuatro horas vigilándose muy bien, pidiendo al Espíritu Santo que le convenza de cualquier pecado oculto. ¿Cuáles son sus tendencias? ¿Se somete usted a su propia verdad o a la de Dios? ¿Sus acciones reflejan su corazón o el deseo de su carne? ¿Le preocupa más su propia comodidad o la gloria de Dios? Regrese aquí a menudo para anotar todo lo que el Señor le revele.

CRISTIANISMO CÓMODO

"Amigo, ven a sacar tus zapatos de la sala de estar". Miré a los ojos de mi hijo de ocho años con una intensidad que le hizo saber que yo hablaba en serio. Su costumbre de dejar los zapatos regados por toda la casa ya me estaba cansando. Tenía que volver a ponerlos donde iban y no donde cayeran cada vez que terminaba con ellos.

Él pareció un poco desconcertado cuando me incliné a su espacio personal. "Mamá, me gusta dejarlos aquí para ponérmelos cada vez que salga afuera a jugar", me dijo. Mi expresión le mostró que yo no tenía intención de repetir mis instrucciones. Recogió los zapatos y se dirigió a su habitación. Al pasarme por el lado lo demoré lo suficiente como para recordarle que su conveniencia no era más importante que su obediencia. Su comodidad no prevalecía sobre mis reglas.

Esta es la cruda realidad a punto de atacarnos en nuestro último estudio, la tensión que a veces existe entre nuestra conveniencia y los reglamentos de Dios.

> **Lea Jueces 8.27 al margen. Marque lo que hizo Gedeón y dónde lo puso. Anote cómo esto afectó a Israel.**

Alimentado por el atractivo de la conveniencia, Gedeón sacrificó el compromiso con el mandato de Dios. Su error colosal tendría consecuencias terribles y duraderas.

DIOS, SEGÚN MIS TÉRMINOS

El efod del sumo sacerdote era una prenda misteriosa, una especie de delantal que tenía muchas características importantes con un hermoso simbolismo. Por ejemplo, tenía doce piedras preciosas que cubrían la coraza en cuatro filas de tres, en representación de las doce tribus de Israel (Éxodo 28.17-21). Los más notables de todos los detalles meticulosos eran el Urim y el Tumim, dos piedras planas aseguradas dentro del frente del chaleco. Al mostrarse, de alguna manera mostraban la dirección de Jehová para los sumos sacerdotes y por último para el pueblo.

Y Gedeón hizo de ellos un efod, el cual hizo guardar en su ciudad de Ofra; y todo Israel se prostituyó tras de ese efod en aquel lugar; y fue tropezadero a Gedeón y a su casa.
Jueces 8.27

¿No sería interesante saber cómo el efod transmitía las instrucciones de Dios? En realidad, nadie lo sabe a ciencia cierta, pero una teoría plantea que una luz inexplicable brillaba de una piedra para indicar afirmación y de la otra para indicar una respuesta negativa.

GEDEÓN

El teólogo Jeff Lucas alega que Urim significa "maldecir" y Tumim significa "ser perfecto". Así que cuando ambas piedras mostraban el Urim, la respuesta era negativa. Cuando ambas mostraban el Tumim, la respuesta era afirmativa. Cuando uno de cada uno miraba hacia el frente, la respuesta era "no hay respuesta".[1]

¿Cuál era el propósito principal del efod del sumo sacerdote?

A veces el término efod no solo se refiere a la costosa prenda de vestir sino también (en ambientes paganos) a cualquier imagen o ídolo sobre los cuales pudiera ponerse. Esto se cumple probablemente en el caso de Gedeón, dada la gran cantidad de oro involucrada (8.26). No se nos dan detalles de la imagen, pero no importa lo que fuera, el fin del efod seguía siendo el mismo, escuchar directamente de Jehová.

Jehová había autorizado a Silo como el centro religioso para el pueblo (ver Semana 5, día 3). Vaya al mapa de la Geografía de Gedeón y trace una línea entre ese lugar y Ofra y escriba "56 kilómetros".

Según Éxodo 28.4, ¿quiénes eran las únicas personas aprobadas para llevar la prenda sagrada?

¿Cómo estos dos factores podrían haber causado dificultad?

¡Eso sí que era un problema! Un viaje de 56 kilómetros por lo menos requería dos días de viaje a pie. Y al no tener una posición sacerdotal, Gedeón no podía entrar al lugar santo una vez que llegara allí.

Después de sus encuentros personales con Dios en la era y con el vellón, así como la demostración divina de triunfo contra los madianitas, Gedeón pudo haberse sentido como una excepción, como si la orden divina ya no se aplicara a él. Pensó que podía relacionarse con Dios en sus propios términos. Pensó que podría hacer nuevas reglas y esperar que Jehová las aceptara.

En cierto sentido Gedeón se había convertido en un adicto a escuchar a Dios, tanto así que le daba prioridad a escuchar a Dios por encima de Dios mismo. Así que creó su propio efod, más fácil de acceder, de comunicarse y más cerca de casa.

Regrese de nuevo al estudio de ayer. ¿Cuál de los cuatro indicadores de auto idolatría encaja con esta acción de Gedeón?

Ahora bien, antes de ponernos a señalar a Gedeón, considere su propia relación con Dios a la luz de su ejemplo. ¿Cómo responde cuando el plan de Dios requiere más esfuerzo y energía de lo que esperaba emplear,

- cuando recibir la dirección de Dios requiere paciencia a largo plazo?
- cuando honrar a Dios con su riqueza se vuelve particularmente un sacrificio?
- cuando la lectura y la comprensión de la Biblia requiere más tiempo que simplemente darle un vistazo a un recurso complementario?
- cuando reunirse en la iglesia local significa avanzar a través de una tormenta que usted preferiría evitar?
- cuando vivir de acuerdo con su estándar moral significa desentonar terriblemente entre su grupo?

¿Cuáles son algunas maneras en las que usted ha notado que los cristianos tratan de hacer que el cristianismo se adapte a sus condiciones?

A menudo tenemos la tendencia de arrastrar los pies espirituales y ser un poco hipócritas con los estándares de Dios cuando lo que está en juego es más alto de lo que habíamos planeado, tal y como lo hizo Gedeón con tanta habilidad. Mientras más seguros nos sentimos en el trono de nuestra vida, mayor es la tentación de modificar el plan de Dios para satisfacer nuestras comodidades.

¿Cómo se ha sentido tentado a hacer que su relación con Dios sea más fácil o más conveniente?

A medida que nos acercamos al final de la historia de Gedeón y de nuestro estudio, pregúntese: ¿Me voy a comprometer con el mandato de Dios, incluso cuando eso ponga en peligro mi conveniencia? Porque la verdad es que el compromiso no siempre va de la mano de la conveniencia. Por lo tanto, tenemos que tomar una decisión consciente para escoger una alianza sagrada con pleno conocimiento de que nuestra comodidad no siempre estará asegurada.

El compromiso triunfa sobre la conveniencia.

LA BUENA INTENCIÓN

Hemos pasado bastante tiempo tomando en cuenta los aspectos negativos de la acción de Gedeón, pero, bueno, al menos reconozcamos esto: su elección puede haber empezado con buenas intenciones.

Póngase por un momento en el lugar de Gedeón. ¿Cómo hubiera sido su intención al construir el efod en Ofra?

Pero aconteció que cuando murió Gedeón, los hijos de Israel volvieron a prostituirse yendo tras los baales, y escogieron por dios a Baal-berit.
Jueces 8.33

Lea Jueces 8.33 al margen. ¿Qué sugiere este versículo acerca de lo que Gedeón hizo antes de su muerte?

Durante la era de los jueces fue notoria la ausencia de un liderazgo fuerte. Al parecer, el sumo sacerdote no funcionaba activamente entre el pueblo. Así que es comprensible el deseo de Gedeón de asumir un papel de liderazgo y ofrecer a la gente un lugar al que acudir para el gobierno espiritual. Tal vez incluso noble. Además, con Silo tan lejos del camino de su vida cotidiana puede haber tenido la intención legítima de reorientar la atención de la gente de vuelta a Dios al tener cerca el efod.

Durante cuarenta años, con el efod estacionado ilegítimamente en Ofra, Israel vivió en relativa paz. Pero el engañoso manto de consuelo que cayó sobre la tierra disfrazó la idolatría devastadora que se propagaba a través de su cultura. Durante todas esas décadas había estado gastando la fibra espiritual de Israel.

Gedeón convirtió el efod en nada más que una famosa "pata de conejo", una imagen supersticiosa desligada del único Dios verdadero. Después de su muerte, el pueblo, ya no restringido por Gedeón, se deslizó más abajo por una pendiente idólatra que incitó la imagen que su líder había creado. Sus buenas intenciones no fueron suficientes para neutralizar las consecuencias de su desobediencia y su falta de respeto al mandato divino de Dios.

> Abra su Biblia para leer los dos últimos versículos de nuestro estudio, Jueces 8.34-35. Haga una lista de los efectos del efod de Gedeón después de su muerte.

> ¿Cuáles son algunas de las consecuencias modernas que ha visto en el cristianismo cómodo?

Las buenas intenciones no son suficientes, no son suficientes para honrar a Dios, no son suficientes para sostener su crecimiento espiritual, no son suficientes para mantener su legado espiritual intacto para las generaciones venideras. Usted y yo no podemos salir de este estudio solo con la intención de caminar de acuerdo a lo que hemos aprendido, tenemos que empezar a hacerlo, paso a paso, con obediencia a Dios. Ahora mismo. Hoy.

Se lo digo hoy, Dios va a mostrar su fuerza por medio de usted. Lo va a hacer. No le habría mantenido en estas páginas, aprendiendo estas lecciones si no estuviera preparándole para algo espectacular. Y, alabado sea su nombre glorioso, ni su historia ni la mía tienen que terminar como la de Gedeón, no importa en qué etapa del viaje estemos. Podemos optar por convertir nuestras buenas intenciones en acciones obedientes.

Manténgalo a Él en primer lugar, desde el principio hasta el final de sus días.

Búsquelo con todas sus fuerzas y por encima de sus beneficios.

Dé prioridad a sus caminos y a su Palabra hasta que le diga: "Bien hecho".

Espere que su debilidad sea una plataforma para su fuerza.

Siga con confianza, amigo mío.

El Señor está con usted, guerrero poderoso.

Hasta que nos volvamos a encontrar.

NOTAS

Primera semana

1. John Marshall Lang, *Gideon and the Judges: A Study* (New York: Revell, 1834).

Segunda semana

1. Logos Bible Software ed. 5, Bellingham, WA. "Gideon" from *The Anchor Yale Bible Dictionary*.
2. Logos Bible Software ed. 5, Bellingham, WA. "Jether" from *Enhance Brown-Driver-Briggs Hebrew and English Lexicon*.
3. Jeff Lucas, *Gideon: Power from Weakness* (Franklin, TN: Authentic Publishers, 2004).

Tercera semana

1. Stephen M. Miller, *Who's Who and Where's Where in the Bible* (Uhrichsville, OH: Barbour Publishing, 2004).
2. Logos Bible Software ed. 5, Bellingham, WA. "Gideon Summons the Israelites" from *Enhance Brown-Driver-Briggs Hebrew and English Lexicon*.

Cuarta semana

1. Lang, *Gideon and the Judges*.
2. Richard Booker, *The Miracle of the Scarlet Thread* (Shippensburg, PA: Destiny Image Publishers, 2008).
3. Lang, *Gideon and the Judges*.
4. Lang, *Gideon and the Judges*.
5. Lang, *Gideon and the Judges*.
6. James B. Jordan, *Judges: God's War against Humanism* (Tyler, TX: Geneva Ministries, 1985).
7. Lang, *Gideon and the Judges,*

Quinta semana

1. Logos Bible Software ed. 5, Bellingham, WA. from *The New American Commentary*.

Sexta semana

1. Lucas, *Gideon: Power from Weakness*.

SOLO USTED Y YO

GUÍA PARA EL LÍDER

Gracias por acompañarme en este viaje a través de la historia de Gedeón, y, ¿pudiera darle una doble porción de agradecimiento por liderar un grupo en el estudio? Gedeón ha sido tanto un gran héroe de la fe como un ejemplo de cómo podemos fallar trágicamente en nuestro andar por la fe. Oro, pidiendo que Dios les bendiga grandemente al estudiar su Palabra y que Gedeón se salga de las páginas para ustedes. Oro, pidiendo que su ejemplo positivo sirva de inspiración a su grupo y que su ejemplo negativo nos advierta a todos.

Si hay algo que nos une como creyentes es, sin duda, nuestra debilidad. En la vida cristiana todos los que son honestos se hacen eco de las palabras del apóstol Pablo: "Y yo sé que en mí, esto es, en mi carne, no mora el bien; porque el querer el bien está en mí, pero no el hacerlo" (Romanos 7.18). La historia de Gedeón muestra y trata nuestra debilidad de una manera sorprendente.

Espero que a través del estudio usted y su grupo capten la realidad de que Dios tiene la intención de utilizar nuestras debilidades como la llave para abrir su fuerza.

Si seguimos nuestra tendencia natural de ocultar nuestra debilidad, cosechamos una serie de resultados negativos (Proverbios 28.13, Santiago 4.6). Si dejamos de esconder nuestras debilidades, nuestro Dios las usa para mostrar su fuerza incalculable.

Cada una de las guías de las sesiones contiene más preguntas de las que tendrá tiempo para debatir. Escoja en oración las que va a utilizar para animar el debate en el grupo.

Cada grupo es diferente. Los miembros de su grupo pudieran beneficiarse comentando algunas de las preguntas cada semana. Su objetivo es animarles a participar en el estudio y guiarles para procesar lo que han aprendido. Si aplican las lecciones de Gedeón a sus vidas, usted habrá sido un líder bueno y fiel para su grupo.

Prepare un ambiente confortable para el tiempo de los comentarios. Puede servir aperitivos y refrescos cada semana, si así lo desea. Arregle los asientos en círculo para que todas las personas puedan verse entre sí. Gran parte de su tiempo en grupo lo pasarán conversando acerca de sus propias historias. Asegúrese de que todos sepan que se espera confidencialidad para que las reuniones sean un lugar seguro donde contar las historias.

Comience a tiempo para respetar el tiempo de todos. Explique a los participantes que usted va a facilitar los comentarios, pero que no va a dar una conferencia. Van a aprender juntos. Ore por estas personas durante su tiempo diario a solas con Dios. Ore para que los miembros de su grupo escuchen la Palabra de Dios y reaccionen a ella.

Antes de la primera sesión prepare una hoja de matrícula con los nombres, direcciones de correo electrónico y números de teléfono. Si es posible, busque que alguien haga copias para todos los miembros del grupo. Ponga encima de una mesa la lista, los lápices, bolígrafos y Biblias adicionales antes de cada sesión.

COMIENZO DE UN ESTUDIO BÍBLICO

1. Consiga voluntarios para facilitar los comentarios en grupo. Pida a los miembros del grupo que oren para que Dios prepare los corazones de los participantes y que les acerque a Él.

2. Construya una red de participación para el estudio al reclutar a personas que a su vez recluten a otros y compartan las tareas que aparecen a continuación. Mientras más personas involucre en la planificación, mayor será el éxito que su grupo va a experimentar.

3. Consiga un salón o casa y decida el horario para el estudio de cada semana.

4. Determine si se ofrecerán aperitivos y quién los traerá.

5. Si fuera necesario, organice el cuidado de los niños.

6. Anuncie el estudio en su iglesia y en la comunidad. Comente la información sobre el estudio con sus amistades y vecinos.

7. Tenga suficientes libros para los miembros de manera que los participantes los adquieran. Tenga becas disponibles para aquellos que no puedan pagarlo.

8. Pudiera crear una página en facebook o un blog para facilitar la interacción entre los miembros del grupo de estudio.

SESIÓN INTRODUCTORIA

Antes de la sesión

1. Considere la posibilidad de buscar tiza, cinta adhesiva, una cuerda o algún otro material para el final de la sesión. Si usted está en un lugar donde sea posible hacerlo, marque un círculo en el suelo o de alguna otra forma simbólica represente la oración para cerrar la sesión (p.35).
2. Lea la Nota de Priscilla (p. 6), y Acerca de la autora (p. 5). Subraye las frases claves como un recordatorio.
3. Muestre artículos como: un teléfono móvil, una computadora portátil, un libro, un mapa, un juguete, un DVD.

Durante la sesión

1. ¿Qué recuerda de Gedeón? ¿Ha estudiado alguna ves la historia de Gedeón? ¿Qué asocia usted con Gedeón?
2. Comente el tema del estudio: nuestras debilidades, la fuerza de Dios. Presente el estudio con las frases que usted subrayó en la Introducción y Acerca de la autora.
3. Explique que cada semana se compondrá de cinco días de preparación. Anime a los miembros a completar todos los ejercicios.
4. Solicite las peticiones de oración. Ore por los participantes. Ore por las peticiones y pida que al estudio Gedeón les rete a todos.

SEMANA 1

Antes de la sesión

1. Complete el estudio diario para esta semana y haga notas para comentar en el grupo.

Durante la sesión

1. Dé la bienvenida a los participantes a medida que lleguen. Ofrezca aperitivos o refrescos si están disponibles.
2. No obligue a nadie a hablar, pero recuerde gentilmente a los participantes que este es un ambiente seguro para hacerlo.
3. Para los comentarios con el grupo escoja entre las siguientes preguntas:

Día 1: El pueblo de Dios en el paraíso

- ¿Cuántos capítulos de la Biblia cuentan la historia de Gedeón?
- ¿En qué libro de la Biblia se encuentran estos capítulos?
- ¿Qué órdenes les había dado Dios a los israelitas para asentarse en la tierra? (p. 8)

- ¿Qué "carros de hierro" de intimidación impiden a los creyentes avanzar en completa obediencia a Dios en la actualidad? (p. 10)
- ¿Cómo ve usted que el Principio de liberación impacta su vida? (Pregunta p. 10 y Profundice más).
- ¿Qué comodidades o sentido de seguridad tendría usted que dejar para obedecer por completo las instrucciones de Dios? (p. 11)

Día 2: ¿Tú de nuevo?

- ¿Existe un problema con el que usted está luchando hoy que sea una prolongación de una dificultad que otra persona no conquistó por completo en el pasado? (p. 14)
- ¿Cómo responde usted a la declaración: las dificultades de hoy a menudo son un resultado de la desobediencia de ayer? (p. 17)
- ¿Qué importancia, si alguna, le da usted al hecho de que la cantidad de mujeres madianitas que quedaron con vida en los tiempos de Moisés fuera igual a la cantidad de soldados en el ejército original de Gedeón? (p. 17)

Día 3: La historia de Dios, mi historia

- Describa con sus palabras el ciclo de redención (p. 20).
- ¿Qué adjetivos usaría usted para describir el estado de los israelitas durante las etapas de decadencia y consecuencias? (p. 20)
- ¿Qué revela Jueces 2.18 sobre del corazón de Dios para su pueblo, incluso cuando están sufriendo las consecuencias de su pecado? (p. 22)
- ¿En qué aspecto de la vida cree que Dios quiere que usted se concentre mientras hace este estudio? (p. 24)

Día 4: Fortalecidos para actuar

- Revise las señales de mano: "Los jueces fueron...

1. llamados
2. fortalecidos
3. unificar
4. levantarse contra

- ¿Qué relaciones ve usted entre el papel de los jueces en el Antiguo Testamento y el papel de los creyentes modernos como miembros de la familia de Dios? (p. 27)
- ¿Cómo cree usted que le va a la iglesia en la actualidad al ser un cuerpo de creyentes? (p. 28)

- ¿Cómo podemos permanecer fieles a las creencias bíblicas y aún así estar unidos hoy en el cuerpo de Cristo? ¿Qué cree usted que no debemos hacer?
- ¿Cuáles son los cuatro atributos que usted identifica como necesarios para mantener la armonía y el acuerdo entre los creyentes? (p. 28)

Día 5: Hacer cambiar las cosas

- ¿Cuáles fueron las dos razones principales por las que Israel estaba fallando? (p. 32)
- ¿Qué razón cree usted que ha sido la más central en la decadencia moral de nuestros días? (p. 32)
- ¿Cómo puede usted explicar de una manera creativa, para las personas más jóvenes, la verdad de Dios? (p. 33)
- ¿Cómo puede usted, de manera deliberada, disponerse a aprender? (p. 33). ¿Qué similitudes identifica entre el antiguo culto a Baal y el humanismo moderno? (p. 34)

1. Termine pidiendo peticiones de oración y orando por los miembros del grupo. Anime a los miembros del grupo a encontrarse con Dios todos los días a través de su estudio durante la semana.

SEMANA 2

Antes de la sesión

1. Complete el estudio diario para esta semana y anote puntos para comentar en el grupo.

Durante la sesión

1. Dé la bienvenida a los participantes a medida que lleguen. Ofrezca aperitivos o refrescos si están disponibles.
2. Para los comentarios con el grupo escoja de las preguntas siguientes:

Día 1: Comisionan a Gedeón

- ¿Cuál es la idea resumen que sacó de Efesios 1.18-19?
- ¿Qué expectativas tienen los creyentes acerca de la forma en que Dios se revela a sí mismo?
- ¿Cómo se han formado estas expectativas?
- ¿Cómo cree que esas creencias podrían impedir que las personas reconocieran un encuentro con Dios en sus vidas?

Día 2: Trillar y otras cosas ordinarias

- Dios usó el trabajo diario de trillar que hacía Gedeón como su vocación y tarea para la vida. ¿Cómo ve usted que Dios use posiblemente una o más de sus tareas diarias en el llamado que Él tiene para su vida?

- ¿Qué le dicen sus tareas de rutina acerca de la fidelidad de Dios?

Día 3: Pasar por alto lo obvio

- ¿Qué preguntas ha tenido usted para Dios en períodos de dificultad?
- ¿Qué ideas encontró en las Escrituras en la página 49? (Miqueas 6.8, 1 Tesalonicenses 4.3; 5.18, Efesios 6.6, Mateo 22.37-38)
- ¿Por qué cree usted que tan a menudo no logramos relacionar lo que sabemos que Dios ha hecho antes con la manera en que enfrentamos nuestras situaciones presentes?
- ¿En qué sentido tenemos la tendencia de reaccionar como Gedeón lo hizo en esta historia? (p. 50)

Día 4: ¿Quién se cree usted que es?

- ¿Cómo explica usted que la conducta no determina la identidad? (p. 52)
- ¿Por qué cree que es importante para los creyentes comprender su identidad antes de avanzar hacia su destino? (p. 53)
- ¿Cómo ha visto usted que una identidad espiritual incorrecta o mal formada obstaculice el éxito espiritual de alguien? (p. 53)
- ¿Cuál de los pares de términos de la página 53 describen mejor una disparidad con la que usted ha tratado entre su percepción y la percepción bíblica de lo que usted es en Cristo? ¿Por qué escogió ese par?
- ¿Cómo lidia más a menudo con lo que dice Dios de usted?
- ¿Qué cambio haría en su vida si recibiera, creyera y caminara de acuerdo a lo que Dios dice acerca de usted? ¿Qué cambiaría en las próximas veinticuatro horas si usted creyera lo que dice Dios? (p. 55)

Día 5:La tarea de Gedeón

- ¿Por qué cree usted que el hecho de que Gedeón comenzara su trabajo destruyendo el altar de Baal fuera crítico para el éxito general de Israel? (p. 57)
- En Génesis 18.19, ¿en qué le dijo Dios a Abraham que se concentrara antes de experimentar el cumplimiento de sus promesas? (p. 58)
- ¿De qué manera se ha sentido usted como Gedeón cuando derribó el altar de su familia en la noche?

SEMANA 3

Antes de la sesión

1. Complete el estudio diario para esta semana y anote puntos para comentar en el grupo. Preste atención especial a las preguntas para comentar en grupo.
2. Comuníquese con los miembros que necesiten ánimo.

Durante la sesión

1. Dé la bienvenida a los participantes a medida que lleguen. Ofrezca aperitivos o refrescos si están disponibles.
2. Para los comentarios con el grupo escoja de las preguntas siguientes:

Día 1: La clave de nuestra fuerza

- Al fijarse en sus debilidades, ¿qué efecto tiene esto sobre sus emociones, su autoestima, confianza y capacidad para seguir adelante? (p. 64)
- ¿Cómo suele usted tratar con una situación en la que se siente que está en desventaja? (p. 65)
- ¿Cómo sería en la práctica alejar su enfoque de sus debilidades? (p. 66)
- ¿Qué cosas cree usted que los creyentes pueden hacer para quitar la atención de sí mismos y ponerla en el Señor? (p. 67)

Día 2: Menos es más

- En algunas ocasiones nos hemos adjudicado el crédito a nosotros, o se lo hemos dado a otros, por algo que hizo Dios. ¿Qué cree que contribuye a este descuido? (p. 68)
- ¿De qué maneras ha visto usted que el crédito mal orientado lleva a una confianza fuera de lugar o a deseos y opciones no saludables en su vida o en la vida de otra persona? (p. 69)
- Comenten la declaración que aparece al margen de la página 70: "La humildad no es pensar mal de uno mismo. Es estar dispuesto a ponerse a un lado en favor de un propósito más importante." Pregunte: ¿Cómo podemos pecar de orgullosos cuando nos sentimos excesivamente competentes o pecar al concentrarnos mucho en nosotros mismos cuando nos sentimos incompetentes?
- Invite a los miembros a comentar palabras de la página 70 que contribuyen al orgullo y palabras que estimulan la humildad en su vida. ¿Qué lecciones podemos sacar de este ejercicio?
- ¿Qué estrategias prácticas puede implementar para fomentar la humildad? (p. 70)

Día 3: Doble problema

- ¿Ha mejorado su confianza en su capacidad y en Dios a medida que avanza con menos? ¿Cómo? (p. 74)
- ¿Le ha estado quitando el Señor algo de su vida que pudiera estar suprimiendo su sensibilidad espiritual, distrayéndole de los propósitos de Dios o aumentando sus deseos y tendencias carnales? (p. 75)

Día 4: Soltar

- ¿Cómo ve usted la mentalidad "mientras más grande mejor" de relieve en sus esferas de influencia? ¿Cómo le ha afectado a usted esta presión? ¿Y a su familia? (p. 76)
- Si tuviera que señalar un aspecto de su vida para ponerle "los 300", un aspecto donde se siente agotado o deficiente, ¿en qué categoría (s) caería(n)? (p. 77)
- ¿Cómo se relacionan ustedes con su experiencia y dificultad para soltar algunos de los pensamientos en la página 78?

Día 5: La provisión invisible

- ¿Qué conclusiones saca de las semejanzas y diferencias entre Efesios 6.10-17 y la situación de Gedeón? (p. 83)
- Si tuviera que precisar lo que más le distrae y le impide el poder recordar y usar aquella provisión que no ve, ¿qué escogería? (p. 85)

SEMANA 4

Antes de la sesión

1. Complete el estudio diario para esta semana y anote algunos puntos para comentar en el grupo. Preste especial atención a las preguntas para comentar en grupo.
2. Comuníquese con los miembros que necesiten ser animados.

Durante la sesión

1. Dé la bienvenida a los participantes a medida que lleguen. Ofrezca aperitivos o refrescos si están disponibles.
2. Para los comentarios con el grupo escoja de las preguntas siguientes:

Día 1: El Dios de la paciencia

- Hasta ahora, ¿qué circunstancias puede recordar de la historia de Gedeón que revelen la paciencia de Dios? (p. 87)
- Mientras ha estado en este estudio, ¿cómo le ha demostrado Dios su "longanimidad" (paciencia) por usted?

GEDEÓN

- Basados en el hecho de que Dios inició la conversación que envió a Gedeón a espiar en el campamento de los madianitas, ¿qué se puede inferir acerca de lo que Dios pensaba acerca de la necesidad de confirmación que tenía Gedeón? (p. 89)

Día 2: Las ofrendas de Gedeón

- ¿Qué es más difícil para usted: ofrecer sus dones al Señor, ofrecer sus deseos al Señor, confiar en Él cuando se usen sus dones o confiar en Él para cómo utilizar sus dones? (p. 92)
- ¿Qué siente que Dios le está pidiendo que haga mientras avanza en este estudio? ¿Qué dones le ha dado Él para cumplir esa tarea? (p. 93)
- ¿Qué cosas prácticas podría hacer usted para "preparar" los dones que el Señor le ha dado? (p. 94)
- ¿Qué parte de este proceso es más difícil para usted: tener la paciencia para preparar fielmente su don o tener el valor de presentar su don a Dios? (p. 94)

Día 3: El vellón de lana, el rocío y la era

- ¿Se siente satisfecho con la confirmación que Dios le da o necesita más? (p. 98)
- ¿Por qué cree que Dios se enojó con Moisés en Éxodo 4.1-14, pero no expresó enojo a Gedeón?
- ¿Cuáles son las diferencias entre buscar confirmación de Dios por precaución y buscarla debido a la duda y la incredulidad? (p. 99)

Día 4: El rocío y el sí del cielo

- ¿Cómo deben la gracia y el favor concedidos a los creyentes refrescarnos y hacernos diferentes a la sociedad que nos rodea? (p. 102)
- ¿Identifique tres maneras específicas en las que usted es diferente del mundo que le rodea? (p. 102)
- ¿Hay algún aspecto de su vida sobre el cual ya no habla con Dios porque le parece que "las cosas son así y punto"? Si este es el caso, ¿cuáles son? (p. 104)

Día 5: La fe al cuadrado

- ¿Cómo la instrucción de ir a escuchar la conversación en el campamento de los madianitas pudiera destacar la paciencia y la bondad de Dios, incluso más que los otros ejemplos de ánimo que Él le dio a Gedeón?
- ¿Cómo puede su grupo ayudarse en la mutua rendición de cuentas después que termine el estudio para recordarse unos a otros lo que Dios ha logrado? (p. 107)

SEMANA 5

Antes de la sesión

1. Complete el estudio diario para esta semana y haga anotaciones para comentar en el grupo. Preste especial atención a las preguntas para comentar en grupo.
2. Comuníquese con los miembros que necesiten ser animados.

Durante la sesión

1. Dé la bienvenida a los participantes a medida que lleguen. Ofrezca aperitivos o refrescos si están disponibles.
2. Para los comentarios con el grupo escoja de las preguntas siguientes:

Día 1: Armas inusuales

- Del ejercicio en la página 113, pregunte si alguien estaría dispuesto a contar una situación difícil que esté enfrentando en este momento, su respuesta natural y un arma divina que el Espíritu Santo le haya revelado y que Dios le haya llevado a utilizar.
- ¿Qué "lógica" suele usar el enemigo en su contra para disfrazar la naturaleza espiritual de sus luchas y enmascarar su papel en medio de ellas?
- ¿Cómo pueden algunas de las debilidades de su vida ser un arma para la guerra a través de la cual el poder de Cristo se vea claramente?

Día 2: Bien terminado

- Alguna vez se ha sentido inclinado a apaciguar su inseguridad en vez de permanecer dentro de los límites que ha puesto Dios? Si es así, ¿en qué formas ha hecho esto?

Día 3: Fuego amigo

- Recuerde la última vez que fue usted quien recibió una dosis de crítica. ¿Qué efecto tuvo en usted? (p. 121)
- ¿Qué le tienta a hacer comentarios críticos o hace que a veces le resulte difícil apoyar a otra persona? (p. 121)
- ¿Cómo ha visto usted que el sentirse especial y excepcional se conviertan en una naturaleza crítica?

Día 4: A pesar del cansancio

- ¿Cómo ha reaccionado usted ante las personas que no le dieron lo que esperaba que le dieran? ¿Cómo es esto similar o diferente a la respuesta de Gedeón? (p. 129)
- ¿Cómo se vería en la práctica su espera en el Señor? (p. 129)

Día 5: El efecto dominó

- ¿Alguna de sus tareas divinas ha tomado un rumbo hacia intereses personales? Si es así, ¿qué circunstancias han hecho que cambie su perspectiva?
- ¿Cómo la confianza y el éxito pueden convertirse en el enemigo de nuestra comunión con Dios? (p. 134)
- ¿Cómo se afecta su relación con Dios cuando se siente débil e inseguro acerca de usted mismo o de una tarea? ¿Cómo le afecta cuando está confiado y seguro?

SEMANA 6

Antes de la sesión

1. Complete el estudio diario para esta semana y destaque puntos para comentar con el grupo. Preste especial atención a las preguntas para comentar en grupo.
2. Comuníquese con los miembros que necesiten ser animados.

Durante la sesión

1. Dé la bienvenida a los participantes a medida que lleguen. Ofrezca aperitivos o refrescos si están disponibles.
2. Para los comentarios con el grupo escoja de las preguntas siguientes:

Día 1: Ningún otro Dios

- ¿Qué ideas sacó de las preguntas de la entrevista?
- ¿Cómo definió usted la palabra "ídolo"?
- Comente esta declaración: "No somos seres humanos que tienen una experiencia espiritual; somos seres espirituales que tenemos una experiencia humana". ¿Cómo encaja esto con su definición de ídolo? (p. 140)

Día 2: De bueno a malo, de mal en peor

- Revise los estudios de caso en la pp. 143-156. ¿Cómo diría usted que estas cosas se han convertido en "soberanos" de las vidas de estas personas?
- ¿Las dos cosas buenas que usted eligió en su entrevista han comenzado a asumir un papel ilegítimo de autoridad en su vida? Si es así, ¿cómo?
- ¿Qué le sugiere la evolución de Israel de adorar un ternero a un toro maduro en cuanto al potencial para la idolatría en nuestras propias vidas? (p. 146)

Día 3: Sentirse bien

- ¿De qué manera pueden los logros, la prosperidad y el éxito contribuir a una mala dirección en la lealtad?
- ¿Cómo la impaciencia juega un papel en la idolatría en la vida de los creyentes de hoy?
- ¿Por qué era tan importante que Jehová escogiera el rey para el pueblo de Israel? (p. 149)

Día 4: Mi problema

- ¿Qué aspectos positivos y negativos identificó en su respuesta a la admiración?
- ¿Cuáles son algunas maneras prácticas en las que puede vivir auténticamente el Salmo 115.1?
- De las cuatro preguntas/indicadores de autoidolatría en la página, ¿con cuál se identifica más y por qué?

Día 5: Cristianismo cómodo

- ¿De qué manera tratamos de hacer que el cristianismo encaje con nuestras condiciones?
- ¿Cuáles podrían haber sido las intenciones de Gedeón al construir el efod en Ofra?
- ¿Cuáles fueron los resultados del efod de Gedeón?
- ¿Cuáles son algunas de las consecuencias modernas que usted ha visto para el cristianismo cómodo? (p. 161)

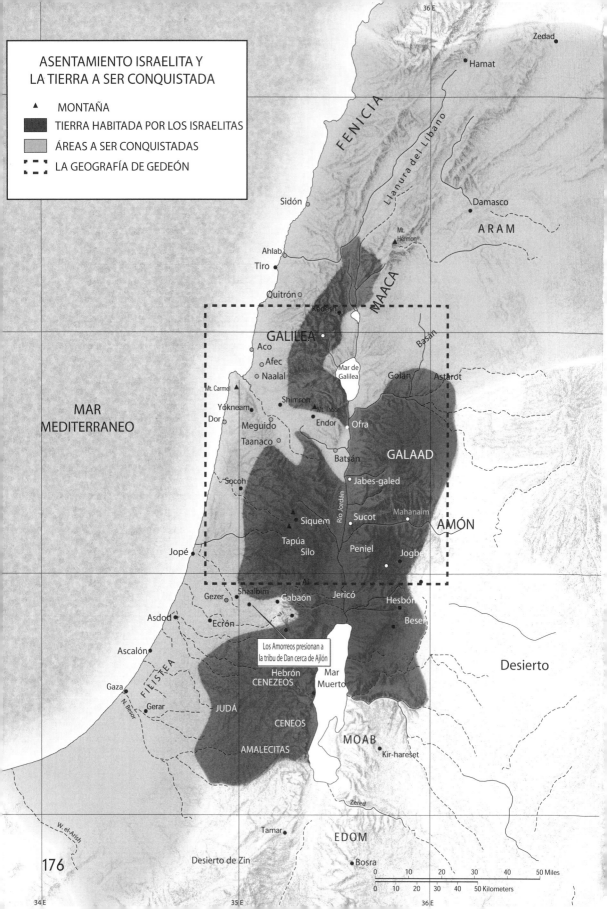

ASENTAMIENTO ISRAELITA Y
LA TIERRA A SER CONQUISTADA

▲ MONTAÑA

TIERRA HABITADA POR LOS ISRAELITAS

ÁREAS A SER CONQUISTADAS

LA GEOGRAFÍA DE GEDEÓN

Zedad

Hamat

FENICIA

Llanura del Líbano

Damasco

Sidón

Mt. Hermón

ARAM

Ahlab

Tiro

MAACA

Quitrón

Kedesh

Basán

GALILEA

Aco

Afec

Naalal

Mar de Galilea

Golán

Astarot

MAR MEDITERRANEO

Mt. Carmel

Yokneam

Dor

Shimrón

Mt. Tabor

Meguido

Endor

Ofra

Taanaco

Batsán

GALAAD

Socoh

Jabes-galed

Río Jordán

Siquem

Sucot

Mahanaim

Tapúa

Silo

Peniel

AMÓN

Jope

Jogbe

Ai

Gezer

Shaalbim

Gabaón

Jericó

Hesbón

Asdod

Ecrón

Beser

Los Amorreos presionan a
la tribu de Dan cerca de Ajlón

Ascalón

FILISTEA

Hebrón
CENEZEOS

Mar
Muerto

Desierto

Gaza

N. Besor

Gerar

JUDÁ

CENEOS

AMALECITAS

MOAB

Kir-hareset

Zered

W. el-Arish

Tamar

EDOM

176

Desierto de Zin

Bosra

0   10   20   30   40   50 Miles

0 10 20 30 40 50 Kilometers

34 E

35 E

36 E

36 E